馔

呻吟语

[明]吕坤 著

图书在版编目（CIP）数据

呻吟语 /（明）吕坤著. — 北京：中国友谊出版公司，2010.1（2022.3重印）
ISBN 978-7-5057-2661-1

Ⅰ. ①呻… Ⅱ. ①吕… Ⅲ. ①人生哲学－中国－明代 Ⅳ. ①B248.92

中国版本图书馆CIP数据核字（2009）第224713号

书名	呻吟语
作者	[明] 吕坤
出版	中国友谊出版公司
发行	中国友谊出版公司
经销	新华书店
印刷	天津丰富彩艺印刷有限公司
规格	640×960毫米　16开 17.25印张　186千字
版次	2010年1月第1版
印次	2022年3月第2次印刷
书号	ISBN 978-7-5057-2661-1
定价	49.80元
地址	北京市朝阳区西坝河南里17号楼
邮编	100028
电话	(010) 64678009

版权所有，翻版必究
如发现印装质量问题，可联系调换
电话　(010) 59799930-601

目 录

呻吟语序 …………………………………（01）
呻吟语摘 …………………………………（03）
明史·吕坤传 ……………………………（04）

卷一　内篇　礼集 ………………………（1）
　　性命 ……………………………………（3）
　　存心 ……………………………………（8）
　　伦理 ……………………………………（26）
　　谈道 ……………………………………（35）
卷二　内篇　乐集 ………………………（59）
　　修身 ……………………………………（61）
　　问学 ……………………………………（105）
卷三　内篇　射集 ………………………（117）
　　应务 ……………………………………（119）
　　养生 ……………………………………（144）
卷四　外篇　御集 ………………………（147）
　　天地 ……………………………………（149）
　　世运 ……………………………………（152）
　　圣贤 ……………………………………（154）
　　品藻 ……………………………………（158）
卷五　外篇　书集 ………………………（177）
　　治道 ……………………………………（179）

卷六　外篇　数集	(217)
人情	(219)
物理	(230)
广喻	(231)
词章	(252)

呻吟语序

呻吟，病声也。呻吟语，病时疾痛语也。病中疾痛，惟病者知，难与他人道；亦惟病时觉，既愈，旋复忘也。

予小子生而昏弱，善病，病时呻吟，辄志所苦以自恨，曰："慎疾，无复病。"已而弗慎，又复病，辄又志之。盖世病备经，不可胜志；一病数经，竟不能惩。语曰："三折肱①，成良医。"予乃九折臂矣②。瘝瘤多年，呻吟犹昨。嗟嗟！多病无完身，久病无完气。余奄奄视息，而人也哉！

三十年来，所志《呻吟语》，凡若干卷，携以自药。司农大夫刘景泽，摄心缮性，平生无所呻吟，予甚爱之。顷共事雁门，各谈所苦。予出《呻吟语》视景泽，景泽曰："吾亦有所呻吟，而未之志也。吾人之病，大都相同。子既志之矣，盍以公人？盖三益焉。医病者见子呻吟，起将死病；同病者见子呻吟，医各有病；未病者见子呻吟，谨未然病。是子以一身示惩于天下，而所寿者众也。即子不愈，能以愈人，不既多乎？"予矍然曰："病语狂，又以其狂者，惑人闻听，可乎？"因择其狂而未甚者存之。呜呼！使予视息苟存，当求三年艾③，健此余生，何敢以瘝瘤自弃？景泽，景泽，其尚医予也夫！

万历癸巳三月，抱独居士宁陵吕坤书④

【注释】

①三折肱：挫折愈多，经验愈多。语出《左传·定公十三年》："三折肱，知为良医。"

②九折臂：意同"三折肱"。语出《楚辞·九章·惜诵》："九折臂而成医兮，吾至今而知其信然。"

③三年艾：上好的艾草，作针灸治病之用。语出《孟子·离娄上》："今之欲王者，犹七年之病，求三年之艾，苟为不畜，终身不得。"

④万历癸巳：万历二十一年，即公元1593年。

呻吟语摘

臣等谨案：《呻吟语摘》二卷，明吕坤撰。坤有《四礼疑》，已著录。《明史·艺文志》载《呻吟语》凡四卷。此止二卷。考卷末万历丙辰其子知畏跋，则此乃坤从四卷中手自删削，并取知畏所续入者若干条，存十之二三，距万历壬辰郭子章作序之时，又二十四年，盖坤晚年之定本也。其内篇分七门，曰性命，曰存心，曰伦理，曰谈道，曰修身，曰问学，曰应务；外篇分九门，曰世运，曰圣贤，曰品藻，曰治道，曰人情，曰物理，曰广喻，曰词章。大抵不侈语精微，而笃实以为本；不虚谈高远，而践履以为程。在明代，讲学诸家，似乎粗浅，然尺尺寸寸，务求规矩，而又不违戾于情理，视陆学末派之猖狂，朱学末派之迂僻，其得失则有间矣。

乾隆四十六年十月恭校上
总纂官臣纪昀　臣陆锡熊　臣孙士毅　总校官臣陆费墀

明史·吕坤传

吕坤，字叔简，宁陵人。万历二年进士。为襄垣知县，有异政。调大同，征授户部主事，历郎中。迁山东参政、山西按察使、陕西右布政使。擢右佥都御史，巡抚山西。居三年，召为左佥都御史。历刑部左、右侍部。

二十五年五月疏陈天下安危。其略曰：

窃见元旦以来，天气昏黄，日光黯淡，占者以为乱征。今天下之势，乱象已形，而乱势未动。天下之人，乱心已萌，而乱人未倡。今日之政，皆播乱机使之动，助乱人使之倡者也。臣敢以救时要务，为陛下陈之。自古幸乱之民有四：一曰无聊之民。饱温无由，身家俱困，因怀逞乱之心，冀缓须臾之死。二曰无行之民。气高性悍，玩法轻生，居常爱玉帛子女而不得，及有变则淫掠是图。三曰邪说之民。白莲结社，遍及四方，教主传头，所在成聚。倘有招呼之首，此其归附之人。四曰不轨之民。乘衅蹈机，妄思雄长。惟冀目前有变，不乐天下太平。陛下约己爱人，损上益下，则四民皆赤子，否则悉为寇仇。

今天下之苍生贫困可知矣。自万历十年以来,无岁不灾,催科如故。臣久为外吏,见陛下赤子冻骨无兼衣,饥肠不再食,垣舍弗蔽,苦薐未完;流移日众,弃地猥多;留者输去者之粮,生者承死者之役。君门万里,孰能仰诉。今国家之财用耗竭可知矣。数年以来寿宫之费几百万,织造之费几百万,宁夏之变几百万,黄河之溃几百万,今大工、采木费,又各几百万矣。土不加广,民不加多,非有雨菽涌金,安能为计?今国家之防御疏略可知矣。三大营之兵以卫京师也,乃马牛羸敝,人半老弱。九边之兵以御外寇也,皆勇于挟上,怯于临戎。外卫之兵以备征调资守御也,伍缺于役占,家累于需求,皮骨仅存,折冲奚赖。设有千骑横行,兵不足用,必选民丁。以怨民斗怨民,谁与合战。

人心者,国家之命脉也。今日之人心,惟望陛下收之而已。关陇气寒土薄,民生实艰。自造花绒,比户困趣逼。提花染色,日夜无休,千手经年,不成一匹。他若山西之绸,苏、松之锦绮,岁额既盈,加造不已。至饶州磁器,西域回青,不急之须,徒累小民敲骨。陛下诚一切停罢,而江南、陕西之人心收矣。

以采木言之。丈八之围,非百年之物。深山穷谷,蛇虎杂居,毒雾常多,人烟绝少,寒暑饥渴瘴疠死者无论矣。乃一木初卧,千夫难移,倘遇阻艰,必成伤殒。蜀民语曰:"入山一千,出山五百。"哀可知也。至若海木,官价虽一株千两,比来都下,为费何止万金。臣见楚、蜀之人，谈及采木，莫不哽咽。苟损其数，增其直，多其岁月，减其尺寸，而川、贵、湖广之人心收矣。

以采矿言之。南阳诸府，比岁饥荒。生气方苏，菜色未变。自责报殷户，而半已惊逃。自供应矿夫工食、官兵口粮，而多至累死。自都御史李盛春严旨切责，而抚按畏罪不敢言。今矿沙无利，责民纳银，而奸人仲春复为攘夺侵渔之计。朝廷得一金，郡县费千倍。诚敕戒使者，毋散砂责银，有侵夺小民若仲春者，诛无赦，而四方之人心收矣。

官店租银收解，自赵承勋造四千之说，而皇店开。自朝廷有内官之遣，而事权重。夫市井之地，贫民求升合丝毫以活身家者也，陛下享万方之富，何赖于彼？且冯保八店，为屋几何，而岁有四千金之课。课既四千，征收何止数倍。不夺市民，将安取之？今豪家遣仆设肆，居民尚受其殃，况特遣中贵，赐之敕书，以压卵之威，行竭泽之计，民困岂顾问哉。陛下撤还内臣，责有司输课，而畿甸之人心收矣。

天下宗室，皆九庙子孙，王守仁、王锦袭盖世神奸。籍隔数千里，而冒认王彌子孙；事隔三百年，而妄称受寄财产。中间伪造丝纶，假传诏旨，明欺圣主，暗陷亲王，有如楚王衔恨自杀，陛下何辞以谢高皇帝之灵乎？此两贼者，罪应诛殛，乃止令回籍，臣恐万姓惊疑。诚急斩二贼以谢楚王，而天下宗藩之心收矣。

崇信伯费甲金之贪，十厢珠宝之诬，皆通国所知也。始误于科道之风闻，严追犹未为过。今真知其枉，又加禁锢，实害无辜。请还甲金革去之禄，复五城厂卫降斥之官，而勋戚之人心收矣。

法者，所以平天下之情。其轻其重，太祖既定为律，列圣又增为例。如轻重可以就喜怒之情，则例不得为一定之法。臣待罪刑部三年矣，每见诏狱一下，持平者多拂上意，从重者皆当圣心。如往年陈恕、王正甄、常照等狱，臣等欺天罔人，已自废法，陛下犹以为轻，俱加大辟。然则律例又安用乎！诚俯从司寇之平，勉就祖宗之法，而图圄之人心收矣。

自古圣明之君，岂乐诽谤之语。然而务求言赏谏者，知天下存亡，系言路通塞也。比来驱逐既多，选补皆罢。天阍邃密，法座崇严，若不广达四聪，何由明照万里。今陛下所闻，皆众人之所敢言也，其不敢言者，陛下不得闻矣。一人孤立万乘之上，举朝无犯颜逆耳之人，快在一时，忧贻他日。陛下诚释曹学程之系，还吴文梓等官，凡建言得罪者，悉分别召用，而士大夫之心收矣。

朝鲜密迩东陲，近吾肘腋，平壤西邻鸭绿，晋州直对登、莱。倘倭夷取而有之，籍众为兵，就地资食，进则断我漕运，退则窥我辽东。不及一年，京城坐困，此国家大忧也。乃彼请兵而二三其说，许兵而延缓其期；力穷势屈，不折入为倭不止。陛下诚早决大计，并力东征，而属国之人心收矣。

四方输解之物，营办既苦，转运尤艰。及入内库，率至朽烂，万姓脂膏，化为尘土。倘岁一稽核，苦窳者严监收之刑，朽腐者重典守之罪。一整顿间，而一年可备三年之用，岁省不下百万，而输解之人心收矣。

自抄没法重，株连数多。坐以转寄，则并籍家资。诬以多赃，则互连亲识。宅一封而鸡豚大半饿死，人一出则亲戚不敢藏留。加以官吏法严，兵番搜苦，少年妇女，亦令解衣。臣曾见之，掩目酸鼻。此岂尽正犯之家、重罪之人哉。一字相牵，百口难解。奸人又乘机恐吓，挟取资财，不足不止。半年之内，扰遍京师，陛下知之否乎？愿慎抄没之举，释无辜之系，而都下之人心收矣。

列圣在御之时，岂少宦官宫妾，然死于箠楚者，未之多闻也。陛下数年以来，疑深怒盛。广廷之中，狼籍血肉，宫禁之内，惨戚啼号。厉气冤魂，乃聚福祥之地。今环门守户之众，皆伤心侧目之人，外表忠勤，中藏愊毒。既朝暮不能自保，即九死何爱一身。陛下卧榻之侧，同心者几人；暮夜之际，防患者几人？臣窃忧之。愿少霁威严，慎用鞭扑，而左右之人心收矣。

祖宗以来，有一日三朝者，有一日一朝者。陛下不视朝久，人心懈弛已极，奸邪窥伺已深，守卫官军只应故事。今乾清修造，逼近御前。军夫往来，谁识面貌。万一不测，何以应之。臣望发宫钥于质明，放军夫于日昃。自非军国急务，慎无昏夜传宣。章奏不答，先朝未有。至于今日，强半留中。设令有国家大事，邀截实封，扬言于外曰"留中矣"，人知之乎？愿自今章疏未及批答者，日于御前发一纸，下会极门，转付诸司照察，庶君臣虽不面谈，而上下犹无欺蔽。

臣观陛下昔时励精为治，今当春秋鼎盛，曾无夙夜忧勤之意，惟孜孜以患贫为事。不知天下之财，止有此数，君欲富则天下贫，天下贫而君岂独富？今民生憔悴极矣，乃采办日增，诛求益广，敛万姓之怨于一言，结九重之仇于四海，臣窃痛之。使六合一家，千年如故，即宫中虚无所有，谁忍使陛下独贫。今禁城之内，不乐有君。天下之民，不乐有生。怨讟愁叹，难堪入听。陛下闻之，必有食不能咽，寝不能安者矣。臣老且衰，恐不得复见太平，吁天叩地，斋宿七日，敬献忧危之诚。惟陛下密行臣言，翻然若出圣心警悟者，则人心自悦，天意自回。苟不然者，陛下他日虽悔，将何及耶。

疏入，不报。坤遂称疾乞休，中旨许之。于是给事中戴士衡劾坤机深志险，谓石星大误东事，孙铲滥杀不辜，坤顾不言，曲为附会，无大臣节。给事中刘道亨言往年孙丕扬劾张位，位疑疏出坤手，故使士衡劾坤。位奏辨。帝以坤既罢，悉置不问。

初，坤按察山西时，尝撰《闺范图说》，内侍购入禁中。郑贵妃因加十二人，且为制序，属其伯父承恩重刊之。士衡遂劾坤因承恩进书，结纳宫掖，包藏祸心。坤持疏力辨。未几，有妄人为《闺范图说》跋，名曰《忧危竑议》，略言:"坤撰《闺范》,独取汉明德后者,后由贵人进中宫,坤以媚郑贵妃也。坤疏陈天下忧危,无事不言,独不及建储,意自可见。"其言绝狂诞,将以害坤。帝归罪于士衡等,其事遂寝。

坤刚介峭直,留意正学。居家之日,与后进讲习。所著述,多出新意。初,在朝与吏部尚书孙丕扬善。后丕扬复为吏部,屡推坤左都御史未得命,言:"臣以八十老臣保坤,冀臣得亲见用坤之效。不效,甘坐失举之罪,死且无憾。"已,又荐天下三大贤,沈鲤、郭正域,其一即坤。丕扬前后推荐,疏至二十余上,帝终不纳。福王封国河南,赐庄田四万顷。坤在籍,上言:"国初分封亲藩二十有四,赐田无至万顷者。河南已封周、赵、伊、徽、郑、唐、崇、潞八王,若皆取盈四万,占两河郡县且半,幸圣明裁减。"复移书执政言之。会廷臣亦力争,得减半。卒,天启初,赠刑部尚书。

呻吟语

卷一 内篇 礼集

性　命

正命者，完却正理，全却初气，未尝以我害之。虽桎梏而死，不害其为正命①。若初气戕丧，正理不完，即正寝告终，恐非正命。

【注释】

①正命：顺应天道、得期天年而死曰正命。《孟子·尽心上》："尽其道而死者，正命也。桎梏死者，非正命也。"

【译文】

所谓"正命"，就是指能够完满地实现人生的正道、完好地保持人最初秉受的元气，并没有因为个人的原因损害人生正道和初始之气。这样的话，即使被囚禁而死，也可以称作"正命"。如果最初禀受的元气损伤了，人生的正道没有完满的实现，即使能寿终正寝，恐怕也不能称作"正命"。

德性以收敛沉着为第一，收敛沉着中又以精明平易为第一。大段收敛沉着人怕含糊①，怕深险。浅浮子虽光明洞达，非蓄德之器也。

【注释】

①大段：大凡，一般。

【译文】

德性以收敛沉着为第一重要，收敛沉着中又以精明平易为第一重要。一般说来，收敛沉着的人怕的是含含糊糊，怕的是高深阴险。轻浮的人看上去虽然明了透彻，但不是能够修养高尚道德的人。

真机真味要涵蓄，休点破。其妙无穷，不可言喻。所以圣人无言①。一犯口颊，穷年说不尽，又离披浇漓②，无一些咀嚼处矣。

【注释】

①圣人无言：《论语·阳货》："子曰：'予欲无言。'子贡曰：'子如不言，则小子何述焉？'子曰：'天何言哉？四时行焉，百物生焉，天何言哉！'"
②离披浇漓：离披，分散貌；浇漓，刻薄。

【译文】

真机真味要含蓄，不要点破，这样其中的奥妙就无穷无尽，难以用语言表达。所以圣人不多说话。一旦犯了口舌之争，终年也说不尽，又众说纷纭，不合情理，就没有任何可品味之处了。

性分不可使亏欠①，故其取数也常多，曰穷理，曰尽性②，曰达天，曰入神③，曰致广大、极高明。情欲不可使赢余，故其取数也常少，曰谨言，曰慎行，曰约己，曰清心，曰节饮食、寡嗜欲。

【注释】

①性分：性的本分，指人先天具有的善性。
②尽性：尽量发挥和扩充人的本性即善性
③入神：指人的修养达到最高境界。

【译文】

人先天具有的善性，不应有任何的亏损，所以要达到较高的境界，就要做到常说的"穷理""尽性""达天""入神""致广大、极高明"。感情和欲望，不可太多太强，所以要节制，也就是常说的"谨言""慎行""约己""清心""节饮食、寡嗜欲"等。

六合原是个情世界①，故万物以之相苦乐，而至人圣人不与焉。

【注释】

①六合：指天地宇宙。

【译文】

宇宙本是一个充满感情的世界，所以世上的万事万物都因情而有痛苦和欢乐。然而，那些心中无己的至人和品德高尚的圣人不在其中，他们不会因俗情而生苦乐之感。

兰以火而香，亦以火而灭；膏以火而明①，亦以火而竭；炮以火而声，亦以火而泄。阴者所以存也，阳者所以亡也，岂独声色气味然哉！世知郁者之为足②，是谓万年之烛。

【注释】

①膏：油脂。

②郁：积聚而不发。

【译文】

兰香因火的点燃而发出香气，也因火的燃烧而消尽；灯油因用火点燃而发光，也因火的燃烧而耗竭；炮因火的点燃而发声，也因火的点燃而消散。隐忍而不显露就能够存在，显露而不隐藏就会灭亡，难道只有声、色、气、味是这个道理吗？世人知道蕴藉不发而能充实满足的人，可以称之为万年不灭的蜡烛。

一则见性①，两则生情，人未有偶而能静者，物未有偶而无声者。

【注释】
①一：专一。性：指善性。

【译文】
单纯专一就能见到事物的本性，不纯则会生发情感。人没有在两人相对时能保持静的状态的，物没有在两物相撞时不发出声音的。

人之念头与气血同为消长。四十以前是个进心，识见未定而敢于有为；四十以后是个定心，识见既定而事有酌量；六十以后是个退心，见识虽真而精力不振。未必人人皆此，而此其大凡也。古者四十仕，六十、七十致仕，盖审之矣。人亦有少年退缩不任事，厌厌若泉下人者；亦有衰年狂躁妄动喜事者，皆非常理。若乃以见事风生之少年为任事，以念头灰冷之衰夫为老成，则误矣。邓禹沉毅①，马援矍铄②，古诚有之，岂多得哉！

【注释】

①邓禹：字仲华，东汉初人，在刘秀创建东汉王朝的过程中，功勋卓著。

②马援：字文渊，东汉初人，著名将领。年六十二，请命出征。刘秀怜其老，马援披甲上马，据鞍顾眄，以示可用。刘秀笑曰："矍铄哉是翁。"

【译文】

人的思想是随着气血的消长而消长的。四十岁以前有奋发进取之心，经验不足、见识不广，但敢想敢做；四十岁以后思想就定型了，见多识广，遇事会斟酌考虑；到六十岁以后渐渐有退让情绪，虽然经验丰富、认识问题深刻，但却精力不足。虽然并不是每个人都是这样，但这是大多数人的情况。古时候，人到四十岁才入仕做官，六七十岁辞官退休，大概就是考虑到了这种情况。也有年轻时畏缩不前、不敢担当大事，气虚志消如同快死去的人一样的；也有到了衰老之年性情狂躁、轻举妄动、喜欢多事的，这都违背常理。如果把遇事不想就莽莽撞撞干起来的年轻人看成是能担负重任的，或是把心灰意冷的衰老之人当成是老成持重的，那就错了。像邓禹那样年轻却沉着勇毅，像马援那样年纪虽老但精神矍铄的人，古时确实有过，但又有多少呢！

命本在天，君子之命在我，小人之命亦在我。君子以义处命，不以其道得之不处，命不足道也；小人以欲犯命，不可得而必欲得之，命不肯受也。但君子谓命在我，得天命之本然；小人谓命在我，幸气数之或然。是以君子之心常泰，小人之心常劳。

【译文】

　　人的命运本来是上天决定的,君子的命运由自己掌握,小人的命运也由自己掌握。君子按照道义来选择命运,再好的命运如果不是用正义的方法得来的也拒不接受,根本不会把命运的好坏放在心上;小人从自己的欲望出发去违犯上天决定的命运,不能得到的也一定要强力得到,不肯接受上天的安排。但所说的君子的命运由自己掌握,是说他得到的命运和上天赋予的是相同的;所说的小人的命运由自己掌握,是希图上天能偶尔改变原定的命运。因此,君子的内心常常是泰然自若的,小人的内心常常是劳碌不安的。

　　或问:"孔子教人,性非所先。"曰:"圣人开口处都是性。"夫水无渣,著土便浊;火无气,著木便烟;性无二,著气质便杂。

【译文】

　　有人问:"孔子教育人们,并不是先教人性。"我回答:"圣人一开口就是讲人性。水中没有杂质,但一旦沾染尘土,就会浑浊不干净;火中没有气,但一旦燃烧树木,就会冒烟。人性本善,没有二致,一旦附着于不同的气质,便驳杂了。"

存　　心

　　心要如天平。称物时物忙而衡不忙①,物去时即悬空在此。只恁静虚中正,何等自在!

【注释】

①衡：秤杆。

【译文】

人心要犹如一台天平。天平在称量物体的时候，物体被搬运个不停，而秤杆却安然自在，物体搬开后，秤杆仍然悬在空中。人心只要像天平那样处在静虚中正的状态，就能做到自由自在！

收放心休要如追放豚①，既入苙了②，便要使他从容闲畅，无拘迫懊侬之状。若恨他难收，一向束缚在此，与放失同。何者？同归于无得也。故再放便奔逸不可收拾。君子之心如习鹰训雉，搏击飞腾，主人略不防闲③；及上臂归庭，却恁忘机自得，略不惊畏。

【注释】

①放心：放纵恣肆之心。《尚书·毕命》："虽收放心，闲之维艰。"

②苙：牲畜的圈栏。该句语出《孟子·尽心下》："如追放豚，既入其苙，又从而招之。"

③略：稍微。防闲：防备、禁止。

【译文】

要收回一个人放纵的心不要像追逐放出去的猪一样，已经把它追回栏里，就要让它从容闲畅，不要让它有拘迫烦闷的懊恼。如果嫌它难收回来，一直束缚在那儿，就好像没有追到一样。为什么这样说呢？因为放出去和拘束着，它都是什么也没有得到。因此再放出去时，它就会逃走追不回来了。

君子的心如同经过驯服的鹰一样，放开它，让它腾飞搏击，主人一点不用操心；等它飞回主人的臂上，回到家中，却是那样的从容闲适，一点也不惊恐害怕。

　　学者只事事留心，一毫不肯苟且，德业之进也，如流水矣。

【译文】

　　做学问的人，只要事事留心认真、一丝不苟，德行学业的进步就会像涓涓流水一样不会终止。

　　心放不放，要在邪正上说，不在出入上说。且如高卧山林，游心廊庙；身处衰世，梦想唐虞①。游子思亲，贞妇怀夫，这是个放心否？若不论邪正，只较出入，却是禅定之学。

【注释】

　　①唐虞：唐尧和虞舜。代指太平盛世。

【译文】

　　人心是否放纵，应该分辨正当与否，而不在于其是出世还是入世。比如隐居在山林，心中又想着朝廷上的事情；生活在衰微的时代，梦想尧舜盛世再现；游子思念父母，贞妇怀念自己的丈夫，这是不是放纵呢？如果不分辨正当与否，只计较出世入世，就成了佛教的禅定了。

　　千日集义①，禁不得一刻不慊于心。是以君子瞬存息养，无一刻不在道义上。其防不义也，如千金之子之防盗，惧馁之故也。

【注释】

①集义：《孟子·公孙丑上》："其为气也……是集义所生者。"朱熹注："集义，犹言集善，盖欲事事皆合于义也。"

【译文】

即使千日养气集义，也抵挡不住片刻之间产生的私欲。因此，君子每时每刻都要注重个人修养，在道义上一刻也不放松。君子防止不义的行为，如同富有之家防盗贼一样不能松懈，因为怕丢失了日后受穷挨饿。

无屋漏工夫，做不得宇宙事业。

【译文】

没有在无人看见时仍保持高尚情操的工夫，就做不成一番经天纬地的大事业。

得罪于法，尚可逃避；得罪于理，更没处存身，只我的心便放不过我。是故君子畏理甚于畏法。

【译文】

触犯法律而犯罪，还可以逃避；违背天理而犯罪，便没处藏身，因为就连自己的心也不放过自己。因此，君子畏惧天理比畏惧法律更甚。

"静"之一字，十二时离不了，一刻才离便乱了。门尽日开阖，枢常静；妍媸尽日往来，镜常静；人尽日应酬，心常静。惟静也，故能张主得动，若逐而去，应事定不分晓，便是睡时，此念不静，做个梦儿也胡乱。

【译文】

　　"静"这个字，时刻也不能忘记，一旦忘记，便会乱了套。门每天不停地开合，但门轴永远是静的；美丽和丑陋的人每天都来来往往照镜子，但镜子永远是静的。人们每天都要忙于应酬，而心里常是静怡平和的。只有静能制动，遇事才能有主张。如果心随事动，必然不知如何处理事物才算恰当，就是睡觉时，心不静的话，做的梦也是乱七八糟的。

　　把意念沉潜得下，何理不可得？把志气奋发得起，何事不可做？今之学者将个浮躁心观理，将个委靡心临事，只模糊过了一生。

【译文】

　　把意念沉静下去，有什么道理不能领悟？把志气振作起来，有什么事情不能成功？现在的学者，常常带着浮躁的心境去探求道理，用委靡不振的心情去办事，只能糊里糊涂地过一生。

　　未有甘心快意而不殃身者，惟理义之悦我心，却步步是安乐境。

【译文】

没有只求一时称心如意而不给自己带来祸殃的人,只有理义能使人心情愉快,每一步都是安乐境界。

问:"慎独如何解?"[①]曰:"先要认住'独'字。'独'字就是'意'字。稠人广坐、千军万马中,都有个'独',只这意念发出来是大中至正底,这不劳慎,就将这'独'字做去,便是天德王道。这意念发出来,九分九厘是,只有一厘苟且为人之意,便要点检克治,这便是慎独了。"

【注释】

①慎独:意指独处无人时,也要检点自己的行为。《礼记·中庸》:"莫见乎隐,莫显乎微,故君子慎其独也。"

【译文】

有人问:"慎独如何解释?"我回答:"先要认清这个'独'字。'独'是从意念上说的。人山人海、千军万马当中,都有个'独',只要意念发出来是恰如其分的、合于正道的,不必用'慎'就能做到'独',就符合天德王道。如果意念出来,九分九厘是恰如其分、合于正道的,只有一厘是马马虎虎做人的想法,这时就要检点克制,这就是慎独。"

自家好处掩藏几分,这是涵蓄以养深。别人不好处要掩藏几分,这是浑厚以养大。

【译文】

自己的长处要掩藏几分,这就是内敛涵蓄,能使自己更深沉；别人的短处要替他遮掩几分，这是淳朴敦厚，能使自己的心胸更广大。

　　士君子要养心气，心气一衰，天下万事分毫做不得。冉有只是个心气不足①。

【注释】

　　①冉有：冉求，字子有，孔子弟子。《论语·雍也》："冉求曰：'非不说子之道，力不足也。'"

【译文】

　　士人君子应修心养气，心气一衰，天下任何事一点都做不了。孔子对弟子冉有不大满意，就是因为冉有心气不足。

　　胸中只摆脱一"恋"字，便十分爽净，十分自在。人生最苦处，只是此心沾泥带水，明是知得，不能断割耳。

【译文】

　　心中只要去掉一个"恋"字，就会非常干净利落、自由自在。人生最苦恼的，就是心灵被外界的人和事所干扰、拖泥带水，明明知道牵肠挂肚无济于事，但还是不能割舍。

　　目不容一尘，齿不容一芥，非我固有也。如何灵台内许多荆榛①，却自容得？

【注释】

　　①灵台：指心。《庄子·庚桑楚》："不可内于灵台。"

【译文】

眼睛里面容不得一点灰尘,牙齿中间容不得一点饭屑,因为这些东西都不是眼睛和牙齿中本来就有的东西。为什么心中有那么多的杂念欲望,人们却能容忍得下呢?

迷人之迷,其觉也易;
明人之迷,其觉也难。

【译文】

糊涂的人虽然糊涂,让他觉悟并不太难;而聪明人一糊涂,要使他觉悟则相当困难。

君子畏天,不畏人;
畏名教,不畏刑罚;
畏不义,不畏不利;
畏徒生,不畏舍生。

【译文】

君子畏惧天理,不畏惧人情;畏惧纲常名教,不畏惧刑罚;畏惧做出不义之举,不畏惧利害得失;畏惧一生无所作为、白白地活在这世上,而不畏惧为正义献身。

小人亦有坦荡荡处,无忌惮是已;
君子亦有常戚戚处①,终身之忧是已。

【注释】

①戚戚:忧惧的样子。《论语·述而》:"子曰:'君子坦

荡荡,小人长戚戚。'"

【译文】

　　小人也有襟怀坦荡的时候,在他毫无顾忌和畏惧时便是如此;君子也有忧惧悲哀的时候,在他思考人生使命时便是如此。

　　　　恶恶太严,便是一恶;
　　　　乐善甚亟,便是一善。

【译文】

　　对恶人恶事痛恨过分,也是一种恶;对善人善行喜欢之极,就是一种善。

　　　　"投佳果于便溺,濯而献之,食乎?"曰:"不食。""不见而食之,病乎?"曰:"不病。""隔山而指骂之,闻乎?"曰:"不闻。""对面而指骂之,怒乎?"曰:"怒。"曰:"此见闻障也。"夫能使见而食,闻而不怒,虽入黑海、蹈白刃可也。此炼心者之所当知也。

【译文】

　　有人问:"把美味的果子投到粪便中,然后洗干净献给别人,人家会吃吗?"回答:"不吃。"又问:"如果掉入粪中的情景没被看到,就会吃,吃了以后心里会觉得不舒服吗?"回答:"不会。""隔着山指名骂人,能听到吗?"回答:"听不到。""如果当面指人谩骂,会发怒吗?"回答:"会的。"我认为这就是见和闻造成的障碍。如果看见果子掉在粪便中,洗干净还敢吃，听到别人对面骂自己还不发怒，这样的人即使上刀山下火海也会面不改色。对于这一点，修身养性的人是应当知道的。

属纩之时，般般都带不得，惟是带得此心，却教坏了，是空身归去矣，可为万古一恨。

【译文】

人死去的时候，什么东西都带不走，只能带走自己的这颗心，如果连心灵都受到损伤了，那么将空身归去，这真是万古的遗憾了。

"暮夜无知"，此四字百恶之总根也。人之罪莫大于欺，欺者，利其无知也。大奸大盗，皆自无知之心充之天下。大恶只有二种：欺无知，不畏有知。欺无知，还是有所忌惮心，此是诚伪关；不畏有知，是个无所忌惮心，此是死生关。犹知有畏，良心尚未死也。

【译文】

"暮夜无知"，这四字是一切罪恶的根源。人的罪恶莫大于欺骗，所谓欺骗，就是利用了对方不会知道这点。大奸大盗都是认为别人不会知道而横行无忌的。天下最大的恶行有两种：一是欺骗别人，不让别人知道；二是欺骗了别人不怕别人知道。欺骗了别人不让人知道，心中还是有所畏惧，这涉及真诚与伪善的问题。不怕别人知道，就是肆无忌惮的心态，这就涉及生与死的问题。知道有所畏惧，说明良心还没有完全泯灭。

吾辈终日念头离不了四个字，曰"得""失""毁""誉"。其为善也，先动个得与誉底念头；其不敢为恶也，先动个失与毁底念头。总是欲心、伪心，与圣人天地悬隔。圣人发出善念，如饥者之必食，渴者之必饮。其必不为不善，如烈火之不入，深渊之不投，任其自然而已。贤人念头只认个可否，理所当为，则自强不息；所不可为，则坚忍不行。然则得、失、毁、誉之念可尽去乎？曰：胡可去也？天地间惟中人最多。此四字者，圣贤藉以训世，君子藉以检身。曰"作善降之百祥，作不善降之百殃"①，以得失训世也。曰"疾没世而名不称"②，曰"年四十而见恶"③，以毁誉训世也。此圣人待衰世之心也。彼中人者，不畏此以检身，将何所不至哉？故尧舜能去此四字，无为而善，忘得失毁誉之心地；桀纣能去此四字，敢于为恶，不得失毁誉之恤也。

【注释】

①"作善"两句：语出《尚书·伊训》，是说行善会有好报，作恶就会遭殃。

②疾没世而名不称：语出《论语·卫灵公》，意思是遗憾的是到死而名声不被人称颂。

③年四十而见恶：语出《论语·阳货》，意思是到了四十岁还被人厌恶，终无善行。

【译文】

我们这些人，终日的念头都离不了"得""失""毁""誉"

这四个字。在做善事的时候,先动个想得到什么和希望别人赞誉的念头;不敢做坏事时,先动个会不会损失什么和遭到别人诋毁的念头。这些念头都属于欲心、伪心,与圣人相比有天壤之别。圣人发出善念来,就如同饥饿的人要吃饭,口渴的人要喝水一样。他们不做不善的事,就如同不走进烈火、不踏向深渊一样,完全是自然而然的。贤人的念头只考虑到这事可以做还是不可以做,从道义上看是应当做的,就自强不息地做下去;从道义上看是不应当做的,就坚持忍耐不去做。然而得失毁誉的念头可以完全去掉吗?回答是:怎么能去掉呢?天地间的平常人是最多的。这四个字,圣贤要凭借它来教诲世人,君子要凭借它来约束自身。《尚书》中说"作善降之百祥,作不善降之百殃",就是以得失来教诲世人。《论论》上说"疾没世而名不称",又说"年四十而见恶",这是以毁誉来教诲世人也。这是圣人对待衰微之世的人心的办法。那些平常人,如果连这些都不畏惧并以此来约束自身,还会有什么事情做不出来呢?尧、舜之所以能去掉这四个字,是因为他们做善事不是为了得到什么,完全忘掉了得失毁誉之心;桀纣也能去掉这四个字,敢肆意为非作歹,是因为他们根本顾及不了得失毁誉。

圣狂之分,只在苟不苟两字。

【注释】

①苟:随便。

【译文】

至圣和轻狂的分别,只在认真与不认真上面。

物有以慢藏而失，亦有以谨藏而失者；礼有以疏忽而误，亦有以敬畏而误者。故用心在有无之间。

【译文】

东西有不用心存放而丢失的，也有因谨慎存放而丢失的；礼仪有因疏忽而出现差错的，也有因过于敬重而出现差错的。所以，人用心应该在有意与无意之间下工夫。

俭则约，约则百善俱兴；
侈则肆，肆则百恶俱纵。

【译文】

勤俭就会节约，节约就能百善俱兴；奢侈就会放肆，放肆就会百恶俱纵。

充一个公己公人心，便是胡越一家；任一个自私自利心，便是肝胆胡越。天下兴亡，国家治乱，万姓死生，只争这个些子。

【译文】

只要有一个公平对待自己、公平对待别人之心，天下便会亲如一家；如果有一个自私自利之心，即使父子兄弟也会成为仇人。天下兴亡，国家治乱，百姓生死，都和这些有关。

沉静非缄默之谓也。意渊涵而态闲正，此谓真沉静。虽终日言语，或千军万马中相攻击，或稠人广众中应繁剧，不害其为沉静，神定故也。一有飞扬动扰之意，虽端坐终日，寂无一语，而色貌自浮。或意虽不飞扬动扰，而昏昏欲睡，皆不得谓沉静。真沉静底自是惺憁①，包一段全副精神在里。

【注释】

①惺憁：清醒、警觉。

【译文】

沉静并不是缄默的同义语，内心深沉有涵养而仪态安闲端庄，这才是真正的沉静。这样的人虽然天天讲话，或者在千军万马中冲杀，或在人山人海中忙于应酬，也不失为沉静，这是因为神定的缘故。一旦有了飞扬动扰的心思，即使终日端坐，安静得不说一句话，神色面貌自然会表现出来。或者是没有飞扬动扰的心思，但昏昏欲睡，也不能叫作沉静。真正沉静的人自然是清醒警觉的，内心一定是精神饱满的。

室中之斗，市上之争，彼所据各有一方也。一方之见皆是己非人，而济之以不相下之气，故宁死而不平。呜呼！此犹愚人也。贤臣之争政，贤士之争理亦然。此言语之所以日多，而后来者益莫知所决择也。故为下愚人作法制易，为士君子所折衷难，非断之难，而服之难也。根本处在不见心而任口，耻屈人而好胜，是室人市儿之见也。

【译文】

家中的争斗，市井的争闹，都是双方各持己见，认为自己正确，对方错误，再加上不愿认输的心气，所以宁死也不愿平息争端。唉！这就是愚蠢的人啊！即便贤臣为了政见而争，贤士为了真理而争，也是如此。争来争去，这就使双方所讲的理由越来越多，也使后来的人无所适从。所以为普通人判断是非很容易，为士君子评判是非就很难。这不是判断是非难，而是使他们心服难。这其中根本的原因是不了解他的内心，只能听他的语言，而他们又耻于认输而争强好胜，这真是世俗之子和市井小儿的见识啊！

知识，帝则之贼也①。惟忘知识以任帝则，此谓天真，此谓自然。一著念便乖违，愈著念愈乖违，乍见之心歇息一刻，别是一个光景。

【注释】

①帝则：天理，自然的法则。《诗经·大雅·皇矣》："不识不知，顺帝之则。"

【译文】

知识，是危害自然法则的东西，只有忘记了知识，按自然法则行事，这才是天真，才是自然。一有了固定的想法便要悖离自然法则，愈执著愈悖离。刚看见一个事物，稍冷静一下，便又是一番光景。

或问："虚灵"二字如何分别？曰：惟虚故灵。顽金无声，铸为钟磬则有声；钟磬有声，实之以物则无声。圣心无所不有而一无所有，故

"感而遂通天下之故"。

【译文】

　　有人问："虚""灵"二字如何分别？我回答说：只有虚才能灵。没经过铸造的金属不会发声，铸成钟磬敲打则会发声；钟磬会发声，如果里面塞满了东西则不会发声。圣人的心无所不有又一无所有，所以能感通天下所有的事物。

　　　　学者不在自家心上做工夫，只在人心做工夫
　　　　便错。此心常要适，虽是忧勤惕励中，困穷抑郁
　　　　际，也要有这般胸次。

【译文】

　　做学问的人如果不在自己的身心修养上下工夫，而是在琢磨别人的心思上下工夫就大错特错了。自己的心要保持平和，即使在忧愁、困苦之中和贫穷压抑之际，也要具有这样的胸襟。

　　　　不怕来浓艳，只怕去沾恋。

【译文】

　　不怕浓妆艳抹的女子（来勾引他），就怕他去沾惹她、留恋她。

　　　　用三十年心力，除一个"伪"字不得。或曰：
　　　　君尽尚实矣。余曰：所谓伪者，岂必在言行间
　　　　哉？实心为民，杂一念德我之心便是伪；实心为

善，杂一念求知之心便是伪；道理上该做十分，只争一毫未满足便是伪；汲汲于向义，才有二三心便是伪；白昼所为皆善，而梦寐有非僻之干便是伪；心中有九分，外面做得恰象十分便是伪。此独觉之伪也，余皆不能去，恐渐溃防闲，延恶于言行间耳。

【译文】

　　我用了三十年的心血和气力，想除掉一个"伪"字而不可得。有人说："您已经很真诚了。"我说："所谓'伪善'，难道一定表现在言谈举止上吗？实心实意为了老百姓，心中只掺杂了一点想让人感恩戴德的杂念便是伪；实心实意去施善，只掺杂了一点想让世人知道的念头便是伪；按道理应该做十分的事，只差一毫没有做好便是伪；时刻讲求正义，偶有一点三心二意便是伪。白天所做的都是善事，而在梦中做了非分的事便是伪。心里只有九分，可是外表做的却像十分便是伪。这是我个人感觉到的内心的伪善，我自己也难以摈弃。这些如果都克服不掉的话，恐怕会逐渐扩散而冲破我的防范，以致伪就会在言行之中表现出来了。"

　　耳目之玩，偶当于心，得之则喜，失之则悲，此儿女之常态也。世间甚物与我相关，而以得喜、以失悲耶？圣人看得此身亦不关悲喜，是吾道之一囊橐耳①。爱囊橐之所受者，不以囊橐易所受，如之何以囊橐弃所受也？而况耳目之玩又囊橐之外物乎？

【注释】

①囊橐：口袋。

【译文】

赏心悦目的东西，偶尔合心意，得到了就高兴，失去了就悲伤，这是小孩子和女人的常态。世间什么事物与我相关，而能让我得到就高兴，失去就悲伤呢？圣人认为自己和悲喜没有任何关系，身体只不过是载道的一个口袋而已。喜欢袋子中装载的东西，就不会因为袋子来变换这些东西，怎么能为了这个袋子而丢弃装载的东西呢？况且赏心悦目的东西不过是身外之物而已！

道义心胸发出来，自无暴戾气象，怒也怒得有礼。若说圣人不怒，圣人只是六情？

【译文】

道义是发自内心的，就不会有粗暴强横的样子，即使发怒也怒不失礼。如果说圣人不发怒的话，那岂不是说圣人的感情有欠缺，七情中少了一个呢？

定静安虑，圣人胸中无一刻不如此。或曰：喜怒哀乐到面前何如？曰：只恁喜怒哀乐，安静安虑胸次无分毫加损。

【译文】

心情平静，思虑安稳，圣人心中没有一刻不是这样的。有人问：假如有了喜怒哀乐之情会怎么样呢？我回答说：任凭怎样的喜怒哀乐，我那定静安稳的心胸也不会为其所动。

心要实，又要虚。无物之谓虚，无妄之谓实。惟虚故实，惟实故虚。心要小，又要大。大其心，能体天下之物；小其心，不偾天下之事①。

【注释】

①偾：倒覆，偾事即败事。

【译文】

心既要实，又要虚。心中没有外物就是虚，没有妄见就是实。正因为心无外物才能没有妄见，正因为没有妄见心中才能没有外物。心既要小，又要大。心大就能体察天下万物，心小就不会毁坏天下之事。

伦　理

人子之事亲也①，事心为上，事身次之；最下，事身而不恤其心②；又其下，事之以文而不恤其身。

【注释】

①事：侍奉。

②恤：体恤。

【译文】

儿女侍奉父母，最重要的是体量他们的心，其次是照料好他们的身体；再次一点的是只照料饮食而不体量他们的心；最差的是只说空话而连他们的身体都不照料。

侍疾，忧而不食，不如努力而加餐。使此身

不能侍疾,不孝之大者也。居丧,羸而废礼,不如节哀而慎终。此身不能襄事,不孝之大者也。

【译文】

　　侍奉生病的父母,忧愁得吃不下饭,不如尽力多吃点。如果因不吃饭自己也生了病而不能侍奉父母,这是最大的不孝。为父母居丧时,悲伤得瘦弱不堪,不能依丧礼行事,不如节制自己的悲哀情绪而谨慎地依礼办好父母的丧事。不能亲身办理丧事,这也是最大的不孝。

　　友道极关系,故与君父并列而为五①。人生德业成就,少朋友不得。君以法行,治我者也;父以恩行,不责善者也;兄弟怡怡②,不欲以切偲伤爱;妇人主内事,不得相追随;规过,子虽敢争,终有可避之嫌;至于对严师,则矜持收敛而过无,可见;在家庭,则狎昵亲习而正言不入。惟夫朋友者,朝夕相与,既不若师之进见有时,情理无嫌,又不若父子兄弟之言语有忌。一德亏,则友责之;一业废,则友责之。美则相与奖劝,非则相与匡救。日更月变,互感交摩,骎骎然不觉其劳且难,而入于君子之域矣。是朋友者,四伦之所赖也。嗟夫!斯道之亡久矣。言语嬉媟、樽俎姁煦,无论事之善恶,以顺我者为厚交;无论人之奸贤,以敬我者为君子。蹑足附耳,自谓知心;接膝拍肩,滥许刎颈。大家同陷于小人而不知,可哀也已!是故物相反者相成,见相左者相益。孔子取友,曰"直、谅、多闻"③。此三友者，皆与我不相附会者也，故曰益。是故，得三友难，能为人三友更难。天地间不论天南地北，缙绅草莽，得一好友，道同志合，亦人生一大快也！

【注释】

①五：即五伦，君臣、父子、兄弟、夫妻和朋友之间的五种关系。

②兄弟怡怡：指兄弟和睦相处。

③直谅多闻：指交朋友要交直爽、信实、见闻广博的人。《论语·季氏》："孔子曰：'益者三友，损者三友。友直，友谅，友多闻，益矣。友便辟，友善柔，友便佞，损矣。'"

【译文】

朋友之道，关系极为重大，因此与君臣、父子等并列为五伦。人生德业的进步、成就的取得，不能缺少朋友的帮助。君主根据法律行事，是治理我们的人；父亲从恩爱出发行事，不可能把主要精力放在劝勉儿子努力向善的方面；兄弟之间和和乐乐，不会因为切磋督促而伤害同胞之情；妻子主要做家务事，不能跟随在丈夫的身边规劝改过；儿子虽然敢于争辩，终究要避免不孝的嫌疑；至于面对严师，则会矜持收敛，不会让严师发现自己的过错；在家中，则狎昵亲爱，不会总是说那些劝人向善的大道理。只有朋友，朝夕相处，既不像见老师那样有一定的时间，于情于理都无嫌猜，又不像父子兄弟那样说话时有忌讳。品德有欠缺，朋友就会责备；事业废辍，朋友就会规劝。正确的，就会相互劝勉；错误的，就会相互纠正。时间长了，互相感染切磋，进步很快而不觉得有什么劳累和困难，就自然地进入了君子的行列。因此朋友之道是其他四伦的依赖。唉！朋友之道的沦丧也很久了。朋友相处，不是开开玩笑，就是吃吃喝喝。不管事情是对还是错，顺着我的就是好朋友；不管人是贤还是不贤，尊敬我的就是君子。蹑足相随，附耳倾谈，自认为知心；勾肩搭背，胡乱答应结为生死之交。大家同陷于小人之列而不知，真是可悲啊！物相反才能相成，意见不一致才能取长补短。孔子认为朋友之道是"直""谅""多闻"，正直、诚信、见闻广博的三种朋友，都不会随声附和，能对我有帮助，所以称为"益友"。能得到这三种朋友很难，能成为别人这样的朋友更难。天地间不论天南地北、官吏平民，得一志同道合好友，也是人生的一大快乐啊！

阳称其善以悦彼之心①，阴养其恶以快己之意②，此友道之大戮也。青天白日之下，有此魑魅魍魉之俗，可哀也已！

【注释】

①阳：表面上。

②阴：背地里。

【译文】

当面称赞他的优点来让他高兴，背后纵容他的缺点来使自己快意，这是交朋友过程中最可恶的事情。青天白日之下，竟有如此见不得人的事，真是可悲啊！

爵禄恩宠，圣人未尝不以为荣，圣人非以此为加损也。朝廷重之以示劝，而我轻之以示高，是与君忤也，是穷君鼓舞天下之权也。故圣人虽不以爵禄恩宠为荣，而未尝不荣之，以重帝王之权,以示天下帝王之权之可重,此臣道也。

【译文】

爵禄恩宠,圣人未尝不以之为荣耀,但圣人不认为爵禄恩宠对自己的地位会有什么提高和贬低。朝廷重视爵禄恩宠,是以此表示鼓励;而我轻视爵禄恩宠,是为了表示清高。这与君主的意思是相违背的,这样做只能削弱君主统治天下的权力。所以圣人虽不以得到爵禄恩宠为荣,也从来不曾不以爵禄恩宠为荣耀,这样做是为了加重君主的权威,表示普天之下君主权力的重要,这就是为臣之道。

孝子之事亲也,上焉者先意,其次承志,其次共命。共命则亲有未言之志不得承也,承志则亲有未萌之意不得将也,至于先意而悦亲之道至矣。或曰:安得许多心思能推至此乎?曰:事亲者,以悦亲为事者也。以悦亲为事则孳孳皇皇①无以尚之者,只是这个念头,亲有多少意志,终日体认不得?

【注释】

①孳孳皇皇:孳孳,勤勉不懈。皇皇,同"惶惶",匆忙貌。

【译文】

孝顺的子女侍奉父母,最好的是能先领会到父母的心意,其次是能秉承父母的意愿,再次是听话。光做到听话,那父母有没讲出来的心愿就无法秉承;光做到秉承父母的心愿,那父母有未能明确表示的意愿就不能猜出来。事先能领会到父母的意愿，才是最使父母高兴的办法了。有人说：哪有那么多的心思来推想父母的意愿呢？回答说：侍奉父母，就是要让父母感到高兴，只有为了让父母高兴，勤勉不懈不停地追求的不是其他的东西，只是想知道父母的意愿。父母亲能有多少意愿？终日不停地体会能不知道吗？

　　子弟生富贵家，十九多骄惰淫泆，大不长进。古人谓之豢养，言甘食美服，养此血肉之躯与犬豕等。此辈阘茸，士君子见之为羞，而彼方且志得意满，以此夸人。父兄之孽莫大于是！

【注释】
　　①阘茸：卑贱无能。

【译文】
　　生在富贵人家的子弟，大多都骄横懒惰、荒淫无度、不求上进。古人称之谓"豢养"，是说用美味佳肴、华服美饰饲养这些与猪狗一样的行尸走肉。士人君子看见这种卑贱的人都感到可耻，而他们还志得意满，到处向人夸耀。作为父兄的罪孽没有比这更大的了。

　　门户可以托父兄，而丧德辱名非父兄所能庇。生育可以由父母，而求疢蹈险非父母所得由。为人子弟者，不可不知。

【译文】
　　门第、家业可以依赖父兄，但做了丧德辱名的事情，就不是父兄所能庇护的了。出生是由父母决定的，但自己铤而走险、走上邪路则不是父母所能左右的。为人子女，不可不知道这一点。

继母之虐，嫡妻之妒，古今以为恨者也。而前子不孝，丈夫不端，则舍然不问焉，世情之偏也久矣。怀非母之迹而因以生嫌，借怙父之名而无端造谤，怨詈忤逆①，父亦被诬者，世岂无耶？恣淫狎之性而恩重绿丝②，挟城社之威而侮及黄里③，《谷风》《柏舟》妻亦失所者④，世岂无耶？惟子孝夫端，然后继母嫡妻无辞于姻族矣。居官不可不知。

【注释】

①詈：怨言。
②绿丝：代指嬖妾。
③黄里：代指嫡妻，出自《诗经·邶风·绿衣》。
④《谷风》《柏舟》：《诗经·邶风》二篇名，主题都是夫妻失道。

【译文】

继母虐待后夫子女，正妻嫉妒婢妾，古往今来都认为是可恨的事。但前夫的子女不孝，丈夫的品德不端，则很少有人过问，世上人情的偏袒看来也很长久了。前夫之子心中认为后母不是自己的生母，因而与后母之间产生嫌隙，依仗着父亲的名义无端地造谣诽谤，口出怨言，行为忤逆，连父亲也受到侮蔑，难道世上还少吗？有的丈夫淫狎成性，喜新厌旧，宠爱那些年轻美貌的女子，依仗自己掌握着一定的权势而侮辱延及嫡妻。《诗经》中《谷风》《柏舟》篇中描写的妻子就是失去丈夫欢心的人，这样的事情难道世上没有吗？唯有儿子孝顺，父亲端正，继母和嫡妻才对虐待、嫉妒负有不可推卸的责任。当官的人不能不知道这一点。

儿女辈，常着他拳拳曲曲，紧紧恰恰，动必有畏，言必有警，到自专时尚不可知。若使之快意适情，是杀之也。此愚父母之所当知也。

【译文】

对于子女，要经常教育他们小心谨慎、规规矩矩，行动必须有所畏惧、说话必须有所顾忌，即使这样，到他们独立生活时为人如何也还很难估计。如果让其随心所欲、任意放纵，那就是毁了他们。做父母的都应当明白这个道理。

责人到闭口卷舌、面赤背汗时，犹剌剌不已，岂不快心？然浅隘刻薄甚矣。故君子攻人不尽其过，须含蓄以余人之愧惧。令其自新，方有趣味，是谓以善养人。

【译文】

责备别人到了哑口无言、面红耳赤、汗流浃背的时候，仍然数落不已，这样是不是很痛快？实际上这也太浅隘刻薄了。所以君子责备人，不会揭尽别人的短处，必须以含蓄的口吻，留有余地，让人羞愧畏惧，令其改过自新，才有意义，这才叫作以善良的心帮助人。

恩礼出于人情之自然，不可强致。然礼系体

面，犹可责人；恩出于根心，反以责而失之矣。故恩薄可结之使厚，恩离可结之使固，一相责望，为怨滋深。古父子兄弟夫妇之间，使骨肉为寇仇，皆坐责之一字耳。

【译文】

恩德和礼貌出于人情之自然，不可强求。但是礼数关系着体面，还可以要求别人做到；而恩德却源于内心，强行要人做到就不妥了。所以恩薄可以通过结交使之深厚，恩义离散可以加固，可一旦苛求他人而形成怨恨，就会怨恨日深。古代父子、兄弟、夫妇之间，骨肉成为仇敌的，都是犯了"责"这一个字。

责善之道，不使其有我所无，不使其无我所有，此古人之所以贵友也。

【译文】

鼓励人向善，不要求他具备我本身也没有具备的品德和才能，也不让他没有我所具备的品德和才能，这是古人重视朋友的原因。

朝廷之上，纪纲定而臣民可守，是曰朝常。公卿大夫百司庶官各有定法，可使持循，是曰官常。一门之内，父子兄弟、长幼尊卑各有条理，不变不乱，是曰家常。饮食起居、动静语默，择其中正者守而勿失，是曰身常。得其常则治，失其常则乱。未有苟且冥行而不取败者也。

【译文】

在朝廷上,国家的法律制度制定好了,臣民就有法制遵守,这叫作朝常。公卿大夫、朝廷百官各有定法可以依循,这叫作官常。一家之内,父子兄弟、长幼尊卑各有规矩,不变不乱,这叫作家常。饮食起居、动静语默,选择中道而行,守中正而不偏斜,这叫作身常。按照常道做事就会井井有条,违反了常道就会混乱。没有懒散昏庸而不失败的。

谈　　道

有处常之五常,有处变之五常。处常之五常是经,人所共知;处变之五常是权,非识道者不能知也。不擒二毛不以仁称①,而血流漂杵不害其为仁②;"二子乘舟"不以义称③,而管、霍被戮不害其为义④。由此推之,不可胜数也。嗟夫!世无有识者,每泥于常而不通其变;世无识有识者,每责其经而不谅其权。此两人皆道之贼也,事之所以难济也。噫!非精义择中之君子,其谁能用之?其谁能识之?

【注释】

①不擒二毛:语出《左传·僖公二年》:"君子不重伤,不禽二毛。"老年人头发花白,黑白相间,故称二毛。

②血流漂杵:语出《尚书·武成》,形容杀人之多。杵,大盾。

③二子乘舟:《诗经·邶风》有"二子乘舟"诗,讲述卫宣公的两个儿子伋和寿为了不拂逆父命而争死。

④管、霍被戮：管叔、霍叔均为周公之弟，在周公摄政初期反对他，被诛。

【译文】

有处于正常环境的仁、义、礼、智、信，有处于权变之际的仁、义、礼、智、信。处常之仁、义、礼、智、信是常行的义理，人所共知；处变之仁、义、礼、智、信是权变之法，不识事理的人是不能理解的。春秋时宋国与楚国开战，宋襄公主张不俘虏年纪老了的敌人，但后世并不认为他是"仁"；而周武王伐纣时血流漂杵，但后世仍认为周武王是"仁"。卫宣公的两个儿子为了不拂逆父志而争死，并不能称为"义"；而周公杀管叔放蔡叔，不能不称为"义"。以此类推，这类事情不可胜数。唉！世上那些没有看清事物本质的人，每每拘泥于常态而不懂变化；世上那些不能理解有识之士的人，每每要求他们按常理办事而不理解他们的权变之法。这两种人都会损害道，所以事情也就难以成功。唉！不是精于义理而又能择其中道而行的君子，有谁能把常和变运用好？又有谁能识别何时用常何时用变呢？

谈道者虽极精切，须向苦心人说，可使手舞足蹈，可使大叫垂泣，何者？以求通未得之心，闻了然透彻之语，如饥得珍馐，如旱得霖雨。相悦以解，妙不容言。其不然者，如麻木之肌，针灸终日尚不能觉，而以爪搔之，安知痛痒哉？吾窃为言者惜也。故大道独契，至理不言，非圣贤之忍于弃人，徒哓哓无益耳①。是以圣人待问而后言，犹因人而就事。

【注释】

①哓哓（xiāo）：形容争辩的声音。

【译文】

谈道的人即使能将事物的道理讲得极其精确明白，也必须向那些急于要了解这些道理的人去讲，让这些听了的人手舞足蹈、欢呼大叫或泣涕俱下。为什么呢？因为他早就想寻求这些道理而不可得，听了这些透彻的议论，就如同饥者得美味，如同久旱逢甘雨一样。相谈以后，疑问解决，内心的喜悦难以言传。如果对不想听到这些道理的人去讲，就如同一个人的肌肉已经麻木，终日针灸，仍无知觉，而你只是用手去挠一挠，怎能使它知道痛痒呢？我很为那些谈道的人惋惜。所以大道在于相合，事理至深无法言传，不是圣贤不愿教诲人，而是多说了也毫无用处。所以圣人要等待别人发问才回答，并且因人而论事。

庙堂之乐，淡之至也。淡则无欲，无欲之道与神明通。素之至也。素则无文，无文之妙与本始通。

【译文】

庙堂中的礼乐，听起来清淡到了极点。清淡就没有欲望，无欲的境界与神明相通。也是朴素到了极点，朴素就不会华丽，不华丽的妙处就是与本色相通。

至道之妙，不可意思，如何可言？可以言皆道之浅也。玄而又玄，犹龙公亦说不破，盖公亦囿于玄玄之中耳。要说，说个甚然，却只在匹夫匹妇共知共行之中，外了这个便是虚无。

【注释】

①犹龙公：即老子。《史记·老子韩非列传》："孙子云：'吾今日见老子，其犹龙也。'"

【译文】

至道之妙，不可意想，怎能言传？可以言传的都是道的浅显之处。玄而又玄，连老子也说不清，因为老子也囿于玄玄之中。要说出个所以然来，只能在一般人所共知共行的事物之中，离开了这些就无从谈起了。

或问："圣人有可克之己否？"曰："惟尧、舜、文王、周、孔无己可克，其馀圣人都有己。任是伊尹的己①，和是柳下惠的己②，清是伯夷的己。志向偏于那一边便是己。己者，我也，不能忘我而任意见也，狃于气质之偏而离中也。这己便是人欲，胜不得这己，都不成个刚者。"

【注释】

①伊尹：商初大臣，助商汤灭夏。

②柳下惠：春秋时鲁国大夫，以讲究贵族礼节著称。

【译文】

有人问："圣人也有应该克制自己的地方吗？"回答："只有尧、舜、文王、周公、孔子无可克制处，其余圣人都有要克制自己的地方。伊尹以天下为己任，柳下惠被称为'圣之和者'，伯夷被称为'圣之清者'，自己的志向偏向的一边就是己。己，也就是我。不能忘我而按照自己的想法去行事，拘泥于气质的偏好而离开了中庸之道，这样的'己'就是人欲。战胜不了这个'己'，都不能成为刚强的人。"

  愚不肖者不能任道，亦不能贼道。贼道全是贤智。后世无识之人不察道之本然面目，示天下以大中至正之矩，而但以贤智者为标的。世间有了贤智，便看底中道寻常，无以过人，不起名誉，遂薄中道而不为。道之坏也，不独贤智者之罪，而推崇贤智，其罪亦不小矣。《中庸》为贤智而作也，中足矣，又下个庸字，旨深哉！此难与曲局之士道。

【译文】
  愚蠢没有才能的人不能担当道的重任，但也没有能力造异端邪说来危害道。造异端邪说的全是有才能的人。后世没有见识的人，不考察道的本来面目，不知道大中至正是正宗的规则，反而以所谓"贤智者"的言论为标准。世间的"贤智者"，觉得中道很普通平常，没有过人之处，不能使人名声显赫，于是他们就看不起中道而不力行。中道的破坏不只是"贤智者"的罪过，推崇"贤智者"的人，罪过也不小。《中庸》就是为"贤智者"写的，"中"已经够了，又用个"庸"字，含义是很深的。这个道理就难以和认识浅薄的人讲。

  道者，天下古今共公之理，人人都有分底。道不自私，圣人不私道，而儒者每私之，曰"圣人之道"。言必循经，事必稽古，曰"卫道"。嗟夫！此千古之大防也，谁能决之？然道无津涯，非圣人之言所能限；事有时势，非圣人之制所能尽。后世苟有明者出，发圣人所未发而默契圣人欲言之心，为圣人所未为而吻合圣人必为之事，此固圣人之深幸而拘儒之所大骇也。呜呼！此可与通者道，汉唐以来鲜若人矣。

【译文】

所谓道，不过是贯穿天下古今的事理和规律，人人都有分。道本身不自私，圣人也不把道据为私有，而儒生每每把它据为私有，称作"圣人之道"，一说话必定引经据典，行事必征引古代，美其名曰"卫道"。唉！这是从古到今的忌讳啊，谁能碰一碰呢？然而道无边无涯，不是圣人几句话所能限制的；事情有时势的变化，不是圣人制定的制度可以涵盖的。后世如果能出现一个明了这些道理的人，发圣人所未发，而和圣人想要说的话相契合；做圣人所未做，而和圣人想做的事相吻合，这本身就是圣人的大幸，但也会让迂阔褊狭的儒生大吃一惊。唉！这个道理可以和学识渊博、通情达理的人说，但汉唐以来这样的人简直太少了。

《易》道，浑身都是，满眼都是，盈六合都是。三百八十四爻，圣人特拈起三百八十四事来做题目，使千圣作《易》，人人另有三百八十四说，都外不了那阴阳道理。后之学者求易于《易》，穿凿附会以求通，不知《易》是个活底①，学者看作死底；《易》是个无方体底，学者看做有定象底。故论简要，《乾》《坤》二卦已多了；论穷理，虽万卷书说不尽。《易》底道理，何止三百八十四爻！

【注释】

①底：通"的"。

【译文】

《易》中讲的道，无处不在，遍布四面八方。三百八十四爻，是圣人特地拈出三百八十四件事来做引子，假使让一千位圣人来写《易》，人人都会另有三百八十四种说法，但终究离不开阴阳的道理。后来的学者从《易》中寻求变化的道理，却用穿凿附会的方法以求道理能讲得通，不知《易》中讲的道理是活的，而学《易》的人把它看成死的了；《易》是个没有固定方位和形状的东西，学习的人却把它看成是有一定形体的。如果说简要，《乾》《坤》二卦已经多了；如果说穷尽，即使用一万卷书来解说也解说不尽。由此可见《易》的道理何止三百八十四爻！

五色胜则相掩，然必厚益之，犹不能浑然无迹。惟黑一染不可辨矣。故黑者，万事之府也，敛藏之道也。帝王之道黑，故能容保无疆；圣人之心黑，故能容会万理。盖含英采，韬精明，养元气，蓄天机，皆黑之道也，故曰"惟玄惟默"。玄，黑色也；默，黑象也。《书》称舜曰"玄德升闻"①，老子曰"知其白，守其黑"②，得黑之精者也。故外著而不可掩，皆道之浅者也。虽然，儒道内黑而外白，黑为体，白为用；老氏内白而外黑，白安身，黑善世。

【注释】

①玄德升闻：语出《尚书·尧典》。
②知其白，守其黑：语出《老子》第二十八章。

【译文】

各种颜色都很鲜艳则会相互遮盖，就是多涂抹几层，也不能做到浑然一色，一点痕迹不留。只有用黑色轻轻一染，就看不见别的颜色了。所以说，"黑"，是万事聚集之处，是万物收敛隐藏之道。帝王之道"黑"，所以能拥有天下；圣人的心胸"黑"，所以能融汇万理。精粹的内容，蕴涵精诚，培养元气，蕴藏天机，都是"黑"之道，所以说，"惟玄惟默"。玄，就是黑的颜色；默，就是黑的形象。《尚书》称赞舜"玄德升闻"，意思是说道德幽深，名声达于天地，遂被任用。老子说"知其白，守其黑"，就是说"知道什么是白，却安守暗昧"，是得到了"黑"的精髓。所以显露而不知掩藏，说明道很浅。虽然如此，儒道是内黑而外白，黑为体，白为用；老子是内白而外黑，白是安身立命，黑是善于处世。

或问："中之道，尧舜传心，必有至玄至妙之理？"余叹曰："只就我两人眼前说这饮酒，不为限量，不至过醉，这就是饮酒之中。这说话，不缄默，不狂诞，这就是说话之中。这作揖跪拜，不烦不疏，不疾不徐，这就是作揖跪拜之中。一事得中，就是一事底尧舜，推之万事皆然。又到那安行处，便是十全底尧舜。"

【译文】

有人问："中之道，尧舜等圣人代代相传，必然有至玄至妙的道理吧？"我感叹道："就说我们二人眼前饮酒这件事，不限制酒量，也不至于喝醉，这就是饮酒之中。我们现在说话，不沉默，不胡说八道，这就是说话之中，作揖跪拜，不烦琐也不简慢，不快不慢，这就是作揖跪拜之中。一件事得以持中，这件事做得像尧舜一样，以此类推，万事同理。如果到那无所要求而又安然行事的程度，那就完全像尧舜了。"

　　理路直截，欲路多歧；
　　理路光明，欲路微暧；
　　理路爽畅，欲路懊烦；
　　理路逸乐，欲路忧劳。

【译文】
　　天理之路笔直，人欲之路多崎岖；天理之路引导人趋向光明，人欲之路引导人坠入黑暗；天理之路让人清爽舒畅，人欲之路使人懊恼烦躁；天理之路让人安逸快乐，人欲之路使人忧虑劳神。

　　儒者之末流与异端之末流何异？似不可以相谓也。故明于医可以攻病人之标本，精于儒可以中邪说之膏肓。辟邪不得其情，则邪愈肆；攻疾不对其症，则病愈剧。何者？授之以话柄而借之以反攻，自救之策也。

【译文】
　　儒家的谬误和异端的谬误有什么不同呢？看起来似乎不可相互讽刺。医术高明可以医治病人的病根，儒道精通可以击中邪说的要害。如果攻击邪说而对其毫无了解，邪说就会愈加猖獗；治病不对症，疾病就会更加严重。为什么呢？因为这等于授人以话柄，使其有可乘之机进行反攻，借此以自救。

　　人皆知异端之害道，而不知儒者之言亦害道也。见理不明，似是而非，或骋浮词以乱真，或执偏见以夺正，或狃目前而昧万世之常经，或徇小道而溃天下之大防，而其闻望又足以行其学术，为天下后世人心害亦不细。是故，有异端之异端，有吾儒之异端。异端之异端真非也，其害小；吾儒之异端似是也，其害大。有卫道之心者，如之何而不辨哉？

【译文】

　　人们都知道异端邪说能够损害道，而不知儒者的言论也可以损害道。对真理的认识不明确，似是而非，或运用浮夸的言词来扰乱真相，或执持偏见来压倒正理，或拘泥于目前的情况而使可行万世的原则混乱，或顺从于小的道理而使天下之大防溃毁，而其声望又足以使其学术流行，对天下后世人心造成的祸患的确不小。所以说有异端的异端，有儒家的异端。异端的异端，是真正错误的，它的害处小；儒家的异端，好像是正确的，它的害处大。有卫道之心的人，怎么能不辨别清楚呢？

　　七情总是个欲，只得其正了，都是天理；五性总是个仁，只不仁了，都是人欲。

【译文】

　　七情（喜、怒、哀、乐、爱、恶、欲），总的说都是欲望，只要欲望是正当的，就符合客观规律；五性（仁、义、礼、智、信），总的说都是仁心，倘若没有仁心，就全成了欲望。

　　　　私恩煦感，仁之贼也；直往轻担，义之贼也；
　　　　足恭伪态，礼之贼也；苛察岐疑，智之贼也；苟
　　　　约固守，信之贼也。此五贼者，破道乱正，圣门
　　　　斥之。后世儒者往往称之以训世，无识也与？

【译文】

　　市私恩、报私惠是对仁的伤害；鲁莽轻率承担责任是对义的伤害；过于谦恭、虚伪作态是对礼的伤害；苛察与多疑是对智的歪曲；随便相约、固执坚守是对信的伤害。这五种行为败坏正道、扰乱正理，受到孔子信徒的斥责。而后世的儒家对此却往往称道，并用来劝勉世人，岂不是太无知了？

　　　　道有二然，举世皆颠倒之。有个当然，是属
　　　　人底，不问吉凶祸福，要向前做去；有个自然，
　　　　是属天底，任你踯躅咆哮，自勉强不来。举世昏
　　　　迷，专在自然上错用工夫，是谓替天忙，徒劳无
　　　　益。却将当然底全不着意，是谓弃人道，成个甚
　　　　人？圣贤看着自然可得底，果于当然有碍，定不
　　　　肯受，况未必得乎？只把二然字看得真、守得定，
　　　　有多少受用处！

【译文】

　　道有二"然",举世都把它们颠倒了。"当然",是属于人为可以做到的,要不问吉凶祸福,尽力去做。"自然",是属于上天决定的,任凭你如何努力、如何不满,也勉强不来。举世之人都昏惑迷乱,专在"自然"上错用工夫,这叫作替天忙,徒劳无益。把"当然"全不放在心上,这叫作抛弃人道,还能成什么人?圣贤看那些"自然"能够得到的东西,如果对"当然"有妨碍,也一定不肯接受,况且未必能够得到的呢?只要把"当然""自然"看得清、把持得定,有多少让人受益的地方啊!

　　　　以吾身为内,则吾身之外皆外物也。故富贵利达、可生可荣,苟非道焉,而君子不居。以吾心为内,则吾身亦外物也。故贫贱忧戚,可辱可杀。苟道焉,而君子不辞。

【译文】

　　以自己的身体为内在世界,那么自身之外的东西都是身外之物。所以无论富贵荣华,随它来去,如果不合于道,君子是不求的。以自己的心为内在世界,那么自己的身体也是外物,就算处于贫贱忧戚、可辱可杀的悲惨境地,如果合于道,君子也不会躲避。

　　　　满腔子是恻隐之心,满六合是运恻隐之心处。君子于六合飞潜、动植、纤细毫末之物,见其得所,则油然而喜,与自家得所一般;见其失所,则悯然而戚,和自家失所一般。位育①念头,如何一刻放得下。

【注释】

①位育：语出《中庸》。位，安其所也；育，遂其生也。

【译文】

满腔子都充满仁慈恻隐之心，满天下都是布施恻隐之心的场所。君子对地上的飞禽走兽、动物植物、纤细毫末之物，看见它们各自生活惬意，就会油然而喜，如同自己得到了一样；看见它们流离失所，就悯然而悲，好像自己也失去了一样。有了希望万物都能安其所、遂其生的想法，怎么能释怀一刻呢！

"己欲立而立人，己欲达而达人"，便是肫肫其仁，天下一家滋味。然须推及鸟兽，又推及草木，方充得尽。若父子、兄弟间便有各自立达、争先求胜的念头，更那顾得别个？

【注释】

①肫肫（zhūn）：恳挚的样子。《礼记·中庸》："肫肫之仁。"

【译文】

"自己想自立于世，也应帮助他人以自立；自己想通达，也应帮助别人通达"，这是诚挚的仁心，有天下一家的味道。但是这种仁心还要扩充到鸟、兽和花木，然后才能充实。如果父子、兄弟之间，各自都只想自己发达，争先求胜，哪还能顾得上别人呢？

万事万物有分别,圣人之心无分别,因而付之耳。譬之日因万物以为影,水因万川以顺流。而日水原无两,未尝不分别,而非以我分别之也。以我分别,自是分别不得。

【译文】

万事万物有区别,圣人之心无区别,因此将天下的兴亡托付于圣人。譬如阳光照耀万物形成投影,水流入河川形成河流。照耀万物的阳光、流入河川的流水,原本没有两样。但影子和河流未尝没有分别,而这分别不在日光和水本身。如果以本身来分别,肯定是分别不出的。

自非生知之圣,未有言而不思者。貌深沉而言安定,若謇若疑,欲发欲留。虽有失焉者,寡矣;神奋扬而语急速,若涌若悬,半跲①半晦,虽有得焉者,寡矣。夫一言之发,四面皆渊阱也。喜言之则以为骄,戚言之则以为懦,谦言之则以为谄,直言之则以为陵,微言之则以为险,明言之则以为浮。无心犯讳,则谓有心之讥;无为发端,则疑有心之说。简而当事,曲而当情,精而当理,确而当时,一言而济事,一言而服人,一言而明道,是谓修辞之善者。其要有二:曰澄心,曰定气。余多言而无当,真知病本云云,当与同志者共改之。

【注释】

①跲(jiá):绊倒。

【译文】

　　如果不是天生的圣人，没有说话时不需要思考的。外貌深沉，言谈安定，好像言辞不顺畅，好像有所疑虑，欲言又止。这样做即使有失误，也比较少。神气昂扬，语速过快，口若悬河，半通不通，这样做即使有正确的言论，也比较少。说出一句话，四面都是陷阱。说高兴的话，别人以为你骄傲；说悲伤的话，别人以为你懦弱；说谦虚的话，别人以为你谄媚；说正直的话，别人以为你盛气凌人；说意味深长的话，别人以为你阴险；说明白易懂的话，别人又认为你肤浅。无心去触犯别人的忌讳，别人则认为你有心在讥讽；无目的的话，别人则怀疑是有目的在说。说话能够简单而符合事实，委婉而符合人情，精炼而符合事理，确当而适合时宜，一句话就能办成事，一句话就能使人信服，一句话就能讲明道理，这就是善于讲话的人。想达到这个标准，要领有两点：一是静下心，二是沉住气。我这个人平时话多而不恰当，现在真正了解到病根就在上面讲的这个道理上，我要和志同道合的人一起改正它。

　　　　知彼知我，不独是兵法，处人处事一些少不
　　得底。

【译文】

　　知彼知己，不只在用兵时要如此，为人处世时也少不了这一条。

　　　　静中真味至淡至冷，及应事接物时，自有一
　　段不冷不淡天趣。只是众人习染世味十分浓艳，
　　便看得他冷淡。然冷而难亲，淡而可厌，原不是

真味，是谓拨寒灰、嚼净蜡。

【译文】

　　静中的真滋味是至淡、至冷的，到了待人接物时，才会有一种不冷不淡的情趣。只是由于众人沾染世俗习气太重，才不以此为然。但是过冷就让人难以亲近，过淡就会令人讨厌，这并不是"静"的真味道，而是像拨冷灰、嚼净蜡一样毫无味道情趣。

　　天地间道理，如白日青天；圣贤心事，如光风霁月。若说出一段话，说千解万，解说者再不痛快，听者再不惺憁，岂举世人皆愚哉？此立言者之大病。

【译文】

　　天地间的道理就像白日青天，圣人的心事就像光风霁月。如果说了一段话，做出千万种解释，解说的人还觉得没有说透，听的人也听不明白，难道举世之人都是蠢人？这是著书立说之人的一大弊病。

　　"相在尔室，尚不愧于屋漏。"①此是千古严师。"十目所视，十手所指。"②此是千古严刑。

【注释】

　　①"相在"二句：语出《诗经·大雅·抑》。不愧屋漏，指心地光明，暗中也不做坏事。

　　②"十目"二句：语出《礼记·大学》。形容一举一动，都

离不开人的耳目。

【译文】

《诗经·大雅·抑》一诗说:"相在尔室,尚不愧于屋漏。"意思是说:"看看你的房子,即使在人们看不见的地方你也要光明磊落。"这是自古以来最严厉的老师。《大学》引曾子的话说:"很多双眼睛都注视着你,很多双手都在指点着你。"这是自古以来最严厉的刑罚。

> 诚与才合,毕竟是两个,原无此理。盖才自诚出,才不出于诚,算不得个才。诚了自然有才。今人不患无才,只是讨一"诚"字不得。

【译文】

诚信和才华相统一,但毕竟是两种不同的事,可如果分开又和道理不符。才华出自诚信,如果才华不是出自诚信的,就不能算作才华。而人若诚信自然有才华。如今的人并不是缺少才华,而是缺少诚信。

> 吾党望人甚厚,自治甚疏,只在口吻上做工夫,如何要得长进?

【译文】

我们常常对别人的要求过多,对自己的要求却很少,只是在嘴巴上下工夫,这样能有什么长进?

> 人欲扰害天理,众人都晓得;天理扰害天理,虽君子亦迷,况在众人?而今只说慈悲是仁,谦

恭是礼，不取是廉，慷慨是义，果敢是勇，然诺是信。这个念头真实发出，难说不是天理。却是大中至正，天理被他扰害，正是执一贼道。举世所谓君子者，都是这里看不破，故曰"道之不明"也。

【译文】

如果是人欲扰害天理，一般人都知道；如果打着天理的旗号而实际上扰害天理，那么即便是君子也会难以分辨，更何况是普通人呢？现在都认为慈悲是仁善，谦恭是礼仪，不取是廉洁，慷慨是正义，果敢是勇敢，然诺是信誉。如果这些念头都是发自内心的，不能说它不是天理。但实际上那大中至正的天理常常被它们扰害，正是因为人们偏执了一面而害了道。世上的所谓君子似乎都认识不到这一点，所以说道理尚不明达。

絜矩是强恕事①，圣人不絜矩。他这一副心肠原与天下打成一片，哪个是矩？哪个是絜？

【注释】

①絜矩：度量、法度。《礼记·大学》："上老老而民兴孝，上长长而民兴弟，上恒孤而民不倍，是以君子有絜矩之道。"象征道德上的示范作用。

【译文】

以同一个标准与法度推己及人，使彼此各得其所，这是推行恕道的事。圣人不是这样，圣人的心肠原本就是与天下人打成一片的，何必分哪个是标准，哪个是法度呢？

仁以为己任，死而后已，此是大担当。老者衣帛食肉，黎民不饥不寒，此是大快乐。

【译文】

　　把实行仁道看作自己的重任，死而后已，这是大担当。让老年人有丝织的衣服穿、有肉吃，使老百姓不遭受饥饿和寒冷，这是大快乐。

　　处明烛幽，未能见物而物先见之矣；处幽烛明，是谓神照。是故不言者非喑，不视者非盲，不听者非聋。

【译文】

　　站在明处去看暗处，暗处的东西你没有看见，但它却看见了你；站在暗处去看明处（才看得清），叫作神照。所以不说话的人不一定就是哑巴，不看东西的人不一定就是瞎子，不听他人言说的人不一定就是聋子。

　　惟得道之深者，然后能浅言；凡深言者，得道之浅者也。

【译文】

　　只有道德修养很深的人，才能用最浅显易懂的语言把道理说清楚；凡是用高深莫测的话论道的，恰恰是道德修养肤浅的人。

　　道非淡不入，非静不进，非冷不凝。

【译文】

对于学道者来说,不以平淡的态度对待,就不能深入;不以沉静的态度对待,就不能理解;不以冷淡的态度对待,就不能巩固。

天德王道不是两事,
内圣外王不是两人①。

【注释】

①内圣外王:指高度的道德修养。在内为圣功,在外为王政。语出《庄子·天下》,形容修身治国不能分开。

【译文】

天德、王道是统一的,不是两码事;内圣、外王是指一个人达到的境界,也不是两个人。

人事就是天命。

【译文】

尽人力所为也就是遵从天命。

理会得"简"之一字,自家身心、天地万物、天下万事尽之矣。一粒金丹不载多药,一分银魂不携钱币。

【译文】

如果能够理解"简"这个字,那么自己的身心、天地万物、天下万事都容易对付了。就好像带上一粒金丹就不必带其他的药，带着一张银票就不必携带很多的钱币。

耳闻底、眼见底、身触头戴足踏底，灿然确然，无非都是这个，拈起一端来，色色都是这个。却向古人千言万语、陈烂葛藤钻研穷究，意乱神昏了不可得。则多言之误后人也噫！

【译文】

耳闻目睹的、身触头戴以及脚上穿的，明明白白、的的确确，无非都是道。就其中一项看来，每个也都是道。但是有人却到古人的千言万语、陈芝麻烂谷子里面去钻研寻找这个道，致使意乱神迷，好像了不得似的。可见古人的著述太多只能贻误后人啊！

使人收敛庄重莫如礼，使人温厚和平莫如乐。德性之有资于礼乐，犹身体之有资于衣食，极重大，极急迫，人君治天下，士君子治身，惟礼乐之用为急耳。自礼废而惰慢放肆之态惯习于身体矣，自乐亡而乖戾忿恨之气充满于一腔矣。三代以降，无论无秩之本，声气之元，即仪文器数，梦寐不及。悠悠六合，贸贸百年，岂非灵于万物，而万物且能笑之。细想先儒"不可斯须去身"六字，可为流涕长太息矣。

【译文】

能使人收敛庄重的，没有比礼更重要的了；能使人温厚和平的，没有比乐更重要的了。德性的修养需要礼乐，就像身体需要衣食一样,非常重要,非常急迫。君主治理天下,士君子修养道德,唯独礼乐是当务之急。自从礼制废弛,人们对于惰慢放肆的情态就习惯了;自从乐亡以后,乖戾愤恨的情绪就充满了胸腔。夏商周三代以后,不用说典章制度的根本,声音气息之本源,即使具体礼节、器物规格,人们也不再考虑。从古到今,人生百年,作为万物之灵的人,岂不要被万物所笑吗?仔细想想先儒所说的礼乐不可一刻离身这几个字,真可为之流泪、为之叹息啊!

百姓冻馁谓之国穷,
妻子困乏谓之家穷,
气血虚弱谓之身穷,
学问空疏谓之心穷。

【译文】

　　百姓饥寒交迫是国家贫穷,老婆孩子缺衣少食是家庭困难,气血虚弱是身体欠佳,学问空疏是心灵贫乏。

　　有人于此,其孙呼之曰祖,其祖呼之曰孙,其子呼之曰父,其父呼之曰子,其舅呼之曰甥,其甥呼之曰舅,其伯叔呼之曰侄,其侄呼之曰伯叔,其兄呼之曰弟,其弟呼之曰兄,其翁呼之曰婿,其婿呼之曰翁。毕竟是几人?曰一人也。呼之毕竟孰是?曰皆是也。噫!仁者见之谓之仁,知者见之谓之知。无怪矣道二乎哉?

【译文】

　　这里有一个人,他的孙子叫他爷爷,他的爷爷叫他孙子;他的儿子叫他父亲,他的父亲叫他儿子;他的舅舅叫他外甥,他的外甥叫他舅舅;他的伯叔叫他侄子,他的侄子叫他伯叔;他的哥哥叫他弟弟,他的弟弟叫他哥哥;他的岳父叫他女婿,他的女婿叫他岳父。这些称呼到底是几个人?当然是一个人。这些称呼到底哪个对?当然都对。啊!这真是仁者见仁,智者见智。难怪事物的道理也无法统一,各有说法。

　　　　终身不照镜终身不认得自家,乍照镜犹疑我
　　　　是别人。常磨常照才认得本来面目。故君子不可
　　　　以无友。

【译文】

　　一辈子不照镜子就会一辈子不认识自己,一旦照镜子还会怀疑我是别人呢。经常打磨镜子经常照,就能全面地认识自己。所以君子不能没有朋友。

　　　　轻重只在毫厘,长短只争分寸;明者以少为
　　　　多,昏者惜零弃整。

【译文】

　　轻重之间只差毫厘,长短之间只差分寸;聪明的人以少为多,愚昧的人吝惜少的而实际上丢掉了全部。

呻吟语

卷二 内篇 乐集

修　身

率真者无心过,殊多躁言轻举之失;慎密者无口过,不免厚貌深情之累。心事如青天白日,言动如履薄临深①,其惟君子乎?

【注释】

①履薄临深:比喻身处危境。《诗经·小雅·小旻》:"战战兢兢,如临深渊,如履薄冰。"

【译文】

直率真诚的人,内心没有过错,只是多有说话浮躁、轻举妄动的过失;谨慎周密的人,说话没有过错,但不免有外貌厚重、城府很深的嫌疑。心事如青天白日一样的明朗,言语和行动如履薄冰如临深渊一般的谨慎,大概只有君子才能做到吧?

沉静最是美质,盖心存而不放者。今人独居无事,已自岑寂难堪,才应事接人,便任口恣情,即是清狂,亦非蓄德之器。

【译文】

沉静是最好的品质,这是因为沉静的人心有所存而不放任自流。而今人独居无事时,往往已经寂寞难以忍受了,又刚刚与人与事接触,就信口开河、纵情妄为,这就是清狂,也不是真正有道德修养的人。

攻己恶者,顾不得攻人之恶。若哓哓尔雌黄人,定是自治疏底。

【译文】

努力克服自己缺点的人,顾不得去指责别人的过失。如果一天到晚喋喋不休地随意指责他人,肯定是自身修养很差。

大事、难事看担当,逆境、顺境看襟度,临喜、临怒看涵养,群行、群止看识见。

【译文】

大事、难事面前可以看出一个人是否敢于担当责任,身处逆境、顺境中可以看出一个人的胸怀度量,遇到令人高兴、恼怒的事可以看出一个人的修养如何,同众人在一起共事可以看出一个人见识的高低。

作人怕似渴睡汉,才唤醒时睁眼若有知,旋复沉困,竟是寐中人。须如朝兴栉盥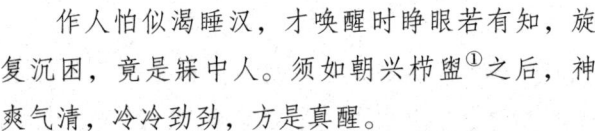之后,神爽气清,冷冷劲劲,方是真醒。

【注释】

①朝兴栉盥(zhì guàn):早上起来梳洗打扮。

【译文】

做人最怕像贪睡的人,刚刚被叫醒时睁开眼睛似乎清醒过来了,但很快又睡着了,终究还是睡梦中的人。应当像早晨起床漱洗以后那样神爽气清,精力充沛,这才是真正清醒过来了。

人生得有余气，便有受用处。言尽口说，事尽意做，此是薄命子。

【译文】

人生在世要留有余地，就会有受益之处。一开口就把什么话都说完，做事也不留余地，这是命薄之人的做法。

才有一段公直之气，而出言做事便露圭角①，是大病痛。

【注释】

①圭角：圭的棱角，比喻锋芒。

【译文】

刚刚有一点公正刚直之气，说话做事就锋芒毕露，这是一大弊病。

讲学论道于师友之时，知其心术之所藏何如也；饬躬励行于见闻之地，知其暗室之所为何如也。然则盗跖非元憝也①，彼盗利而不盗名也。世之大盗，名利两得者居其最。

【注释】

①元憝（duì）：元凶，首恶。《尚书·康诰》："元恶大憝。"

【译文】

在和老师朋友讲学论道的时候，要知道他心中藏的是什么想法；别人在听得见看得见的地方努力修养品德的时候，要知道他在别人看不见的地方所作所为是怎样的。盗跖并非是元凶大恶,他只是盗利而不盗名。想要名利两得者才是世间最大的大盗。

圆融者,无诡随之态;精细者,无苛察之心;方正者,无乖拂之失;沉默者,无阴险之术;诚笃者,无椎鲁之累①;光明者,无浅露之病;劲直者,无径情之偏②;执持者,无拘泥之迹;敏练者,无轻浮之状。此是全才。有所长而矫其长之失,此是善学。

【注释】

①椎鲁:鲁钝。

②径情:任意。

【译文】

通达事理、办事灵活却没有妄随人意的姿态;精明心细却没有苛刻察验的心态;正直方刚却没有乖张执拗的过失;深沉缄默却没有阴险奸诈的心术;诚实真挚却没有粗鲁愚钝的缺点;光明正大却没有肤浅的毛病;刚劲直率却没有任意而为的偏执;执著持正却没有拘泥的行迹;敏捷练达却没有轻浮的样子,这就是全才。身有所长而又能矫正其所长带来的过失,就是善于学习。

少年之情,欲收敛不欲豪畅,可以谨德;老人之情,欲豪畅不欲郁闷,可以养生。

【译文】

年轻人的性情,应收敛而不应豪放不羁,这样能够使自己的道德严谨；老年人的性情，要豪放不要抑郁，这样可以延年益寿。

广所依不如择所依，择所依不如无所依。无所依者，依天也。依天者有独知之契，虽独立宇宙之内而不谓孤。众倾之、众毁之而不为动，此之谓男子。

【译文】

普遍地依赖外物，不如有选择地依赖；有选择的依赖，不如什么都不依赖。无所依赖，就是遵从天意。遵从天意的人有独到的见识，这样的人虽然独自在天地之间也不会感到孤独。众人的赞誉或诋毁都不能动摇他的信念，这才是真正的男子汉。

精明也要十分，只须藏在浑厚里作用。古今得祸，精明人十居其九，未有浑厚而得祸者。今之人惟恐精明不至，乃所以为愚也。

【译文】

精明要有十分，只是需要藏在淳朴老实中发挥作用。自古至今遭遇祸患的人，十分之九都是精明的人，没有淳朴老实而招来祸患的。现在的人唯恐不够精明，这实际上是愚蠢。

分明认得自家是，只管担当直前做去，却因毁言辄便消沮，这是极无定力底，不可以任天下之重。

【译文】

能够明确断定自己是正确的，就勇敢地担当起来努力去做。可如果因为遇到诽谤就消极退缩垂头丧气，这是缺乏坚定信念的表现，这种人不能担负国家的重担。

小屈以求大伸，圣贤不为。吾道必大行之日然后见，便是抱关击柝①，自有不可枉之道。松柏生来便直，士君子穷居便正。若曰在下位、遇难事，姑韬光忍耻，以图他日贵达之时，然后直躬行道，此不但出处为两截人，即既仕之后，又为两截人矣。又安知大任到手不放过耶！

【注释】

①抱关击柝（tuò）：比喻地位低。抱关，守关。击柝，巡夜。

【译文】

忍受小的屈辱以取得大的成功发展，圣人和贤人是不会那样做的。我信守的道不是在功成名就时才能被人们认识，即使是守门打更的小吏，也有他心中不可改变的道。松柏生来就有挺直的树干，正人君子在穷困的时候就有正直的品质。如果因为自己在地位低下的时候遇到难事，试图以韬光忍耻换得日后的飞黄腾达，然后再恢复正道，这样不但在没当官时成了两面人，即便是当官以后，也会变成两面人。又怎么能知道在担当大任的时候就能恢复正道呢？

才能技艺，让他占个高名，莫与角胜；至于纲常大节，则定要自家努力，不可退居人后。

【译文】

才能技艺,让别人占有好名声,不要去争强斗胜;但在纲常大节上,则一定要发愤努力,不能落在别人的后面。

大其心,容天下之物;
虚其心,受天下之善;
平其心,论天下之事;
潜其心,观天下之理;
定其心,应天下之变。

【译文】

心胸宽阔,能容纳天下万物;谦虚善学,能够接受天下善事的熏陶;平心静气,能够畅谈天下大事;专心致志,能够纵观天下的道理;镇定冷静,能够适应天下的变化。

称人之善,我有一善,又何妒焉?
称人之恶,我有一恶,又何毁焉?

【译文】

称赞别人的善行,自己也有了一善,为什么要去嫉妒别人呢?指责别人的过失,自己也有了一种过失,为什么要去诋毁别人呢?

善居功者,让大美而不居;
善居名者,避大名而不受。

【译文】

善于居有功名的人,把最大的功名先让给别人而不先据为己有;善于拥有荣誉的人,回避最高的名誉而不予以接受。

善者不必福,恶者不必祸,君子稔知之也,宁祸而不肯为恶;忠直者穷,谀佞者通,君子稔知之也,宁穷而不肯为佞。非但知理有当然,亦其心有所不容已耳。

【译文】

做好事的人不一定得福,做坏事的人不一定得祸,这个道理君子是知道的,但君子宁肯受祸也不肯做坏事;忠厚正直的人穷困,阿谀奉承的人通达,这个现象君子是知道的,但君子宁肯穷困也不肯做阿谀奉承之人。这样做不只是理所当然,还因为自己的心也不容许自己做那些不合心意的事。

攻我之过者,未必皆无过之人也。苟求无过之人攻我,则终身不得闻过矣。我当感其攻我之益而已,彼有过无过何暇计哉?

【译文】

指责我有缺点的人,未必都是没有过失的人。假如只有没有过失的人才能指责我的过失,那么终身都不会听到别人指出自己的缺点了。我应当感谢指责我过失的人给我带来的好处,至于他本身有没有过失,又何必去计较呢?

做人要做个万全,至于名利地步,休要十分

占尽，常要分与大家，就带些缺绽不妨。何者？天下无人己俱遂之事，我得人必失，我利人必害，我荣人必辱，我有美名人必有愧色。是以君子贪德而让名，辞完而处缺。使人我一般，不峣峣露头角、立标臬①，而胸中自有无限之乐。孔子谦己，尝自附于寻常人，此中极有意趣。

【注释】

①峣峣（yáo）：高峻。标臬（niè）：靶子。

【译文】

做人要做万全之人，至于名利，千万不要都自己占尽，要常常分一些给大家，哪怕自己有些缺欠也没什么关系。为什么呢？因为天下没有自己和别人都能顺心满意的事情，我有所得他人必有所失，我获利他人必受损害，我得到荣耀他人必遭羞辱，我有美名他人必有愧色。因此君子要在道德上多追求而辞让名誉，拒绝个人名利方面的完满，使自己和别人一样，不争着显露头角，不成为别人的箭靶，胸中自然有无限的快乐。孔子很谦虚，把自己列入寻常人的行列，这中间的道理很有意趣。

世人喜言无好人，此孟浪语也。今且不须择人，只于市井稠人中聚百人而各取其所长。人必有一善，集百人之善，可以为贤人；人必有一见，集百人之见，可以决大计。恐我于百人中未必人人高出之也，而安可忽匹夫匹妇哉？

【译文】

　　世上的人都爱说:"这世界没有好人。"这是很鲁莽、冒失的说法。现在你不必特意挑选人,只要在大庭广众之中找出一百个人,各取他们的长处。每人必有一种优点,集中百人的长处就可以成为一个贤人;每个人必有一个正确的见解,集中百人的见解就可以决策大事。恐怕我和这一百人相比,未必能胜过每个人,怎么可以小看那些普通的男女百姓呢?

　　到当说处,一句便有千钧之力,却又不激不疏,此是言之上乘。除此虽十缄也不妨。

【译文】

　　到应当说话的时候,一句话就有千钧之力,却又不过分偏激或粗疏,这是最好的说话方法。如果不能做到这样,还是缄口不言为好。

　　心要常操,身要常劳。心愈操愈精明,身愈劳愈强健。但自不可过耳。

【译文】

　　心要经常思考问题,身体要经常劳动。心越思考问题越精明,身体越劳动越强健。但是不能过分。

　　士君子之偶聚也,不言身心性命,则言天下国家;不言物理人情,则言风俗世道;不规目前过失,则问平生德业。傍花随柳之间,吟风弄月之际,都无鄙俗媟嫚①之谈,谓此心不可一时流于邪僻，此身不可一日令之偷惰也。若一相逢，不是亵狎，便是乱讲，此与仆隶下人何异？只多了这衣冠耳。

【注释】

①媟嫚（xiè màn）：不恭敬，不庄重。媟，通"亵"。

【译文】

正人君子相聚在一起的时候，不是谈论身心性命，就是谈论天下大势、国家大事；不是谈论物理人情，就是谈论风俗世道；不是规劝眼前过失，就是询问平生德业。即使是傍花随柳、吟风弄月之时，都没有鄙陋庸俗的言语，这就是说心中一刻也不能产生邪念，身体一刻也不能令它偷懒。倘若一见面，不是猥亵狎侮，就是信口雌黄，这和仆人奴隶有什么区别？只不过穿着一身儒者的衣服罢了。

只尽日点检自家，发出念头来，果是人心？果是道心？出言行事，果是公正？果是私曲？自家人品自家定了几分，何暇非笑人？又何敢喜人之誉己耶？

【译文】

每天都应反省自己，心中产生的念头，是出于私心，还是符合公理？出言行事是公正的，还是自私的？自己的人品，自己就可评定为几分，这样的话，哪还有什么闲暇去指责和嘲笑别人？又怎能因为别人称赞自己而高兴呢？

往见"泰山乔岳以立身"四语①，甚爱之，疑有未尽，因推广为男儿八景，云："泰山乔岳之身，海阔天空之腹，和风甘雨之色，日照月临之目，旋乾转坤之手，磐石砥柱之足，临深履薄之心，玉洁冰清之骨。"此八景，予甚愧之，当与同志者竭力从事焉。

【注释】

①"泰山乔岳以立身"四语：即明镜止水以存心，泰山乔岳以立身，青天白日以应事，霁月光风以待人。乔岳，高峻的山岳。

【译文】

从前见到"泰山乔岳以立身"四语，自己很是喜爱，怀疑有未言尽的意思，就将其引申为男儿八景："泰山乔岳一般的身体，海阔天空一样的胸襟，和风细雨一般的面容，日照月临一样的目光，能旋乾转坤的手掌，像磐石砥柱一样坚实的腿脚，如临深渊如履薄冰一样谨慎的心情，玉洁冰清的骨骼。"以我本人比此八景，则甚感惭愧，应当与志同道合的人按这"八景"去做。

求人已不可，又求人之转求；徇人之求已不可，又转求人之徇人；患难求人已不可，又以富贵利达求人。此丈夫之耻。

【译文】

求人已经不可以，何况托人转求他人；屈从别人之求已经不可以，何况转求他人来屈从别人之求；在患难时求人已经不可以，何况因为富贵利达去求人。这都是大丈夫的耻辱。

"有诸己而后求诸人,无诸己而后非诸人"①,固是藏身之恕;有诸己而不求诸人,无诸己而不非诸人,自是无言之感。《大学》为居上者言,若士君子守身之常法,则余言亦蓄德之道也。

【注释】

①"有诸己"二句:语出《大学》第九章,大意是自己有善,才能有资格勉励他人向善;自己无恶,才有资格纠正他人之恶。

【译文】

《大学》说:"自己有善,然后再勉励别人向善;自己无恶,然后再纠正别人的恶。"这固然是保全自身的恕道。但是自己有善也不责求别人,自己无恶也不非议别人,这才是一种无言的感动力。《大学》是教育社会地位较高的人的,如果士君子能把这点作为守身持己的常法,那么我补充的这番话也可以作为修养道德的方法。

乾坤尽大,何处容我不得?而到处不为人所容,则我之难容也。眇然一身而为世上难容之人,乃号于人曰:"人之不能容下我也。"吁!亦愚矣哉!

【译文】

天地如此广大,哪个地方容不下我呢?如果我到处都不能为人所容,那么肯定因为我是个难容之人。渺小一身而成为世上难容之人,却在他人面前号泣道:"大家都不能容下我呀!"唉!这也太愚昧了!

有象而无体者，画人也，欲为而不能为。有体而无用者，塑人也，清净尊敬，享牺牲香火而一无所为。有运动而无知觉者，偶人也，待提掇指使而后为。此三人者，身无气血，心无灵明①，吾无责矣。

【注释】

①灵明：指精神。

【译文】

有形象而没有实体的，是画上的人，想有所作为也不能有作为。有实体而不能运动的，是雕塑的人，清净尊敬，只会享受供奉香火而一无所为。能运动而没有知觉的，是木偶人，在别人的操纵指挥下才有所动作。这三种人，身上没有血气，心中没有思想，我们也就不要指责它们了。

古人之宽大，非直为道理当如此，然煞有受用处。弘器度以养德也，省怨怒以养气也，绝仇雠以远祸也。

【译文】

古时候的人宽厚，并不只是从道理上讲应该这样，而且对个人来说也极有好处。可以恢弘自己的气度来修养品德，减少怨怒来修养元气，杜绝怨仇来避开灾祸。

只见得眼前都不可意，便是个碍世之人。人不可我意，我必不可人意。不可人意者我一人，不可我意者千万人。呜呼！未有不可千万人意而不危者也。是故智者能与世宜，至人不与世碍。

【译文】

如果看到眼前的一切都不如意，那就是一个有碍于世的人。他人不适合我的心意，我一定也不适合他人的心意。不适合他人心意的只有我一个人，不适合我心意的却有千万人。唉！没有不适合千万人的心意而不危险的。所以，明智的人都能适应世道，道德高尚的人不与世道相抵触。

心要有城池，口要有门户。有城池则不出，有门户则不纵。

【译文】

心要像有城池守着，口要像有门户关着。心有城池守着就不会肆意放纵，口有门户守着就不会随意乱说。

有道之言，得之心悟；有德之言，得之躬行。有道之言弘畅，有德之言亲切。有道之言如游万货之肆，有德之言如发万货之商。有道者不容不言，有德者无俟于言。虽然，未尝不言也。故曰："有德者必有言。"

【注释】

①有德者必有言：语出《论语·宪问》。

【译文】

有道理的话，是用心体悟出来的；有德行的话，是通过实践总结出来的。有道理的话弘达通畅,有德行的话温和亲切。有道理的话如逛货物繁多的商店,有德行的话好像批发货物的商贾。有道理就不能不说,有德行就不用多说。虽然这样,也并非什么也没说,所以说"有德者必有言"。

或问:"不怨不尤了①,恐于事天处人上更要留心不?"曰:"这天人两项,千头万绪,如何照管得来?有个简便之法,只在自家身上做,一念一言一事都点检得,没我分毫不是,那祸福毁誉都不须理会。我无求祸之道而祸来,自有天耽错;我无致毁之道而毁来,自有人耽错,与我全不干涉。若福与誉是我应得底,我不加喜;是我倖得底②,我且惶惧愧赧③。况天也有力量不能底,人也有知识不到底,也要体悉他。却有一件紧要,生怕我不能格天动物。这个稍有欠缺,自怨自尤且不暇,又那顾得别个?孔子说个'上不怨,下不尤'④,是不愿乎其外道理;孟子说个'仰不愧,俯不怍'⑤,是素位⑥而行道理,此二意常相须。"

【注释】

①不怨不尤:不怨天,不尤人。

②倖得:非分所得。

③愧赧:因羞愧而面红耳赤。

④"上不怨,下不尤":《中庸》第十四章:"上不怨天,下不尤人。"《论语·宪问》:"子曰:'莫我知也夫!'子贡曰:'何为其莫知子也?'子曰:'不怨天,不尤人,下学而上达,知我者其天乎?'"

⑤"仰不愧，俯不怍"：《孟子·尽心上》："君子有三乐，而王天下不与存焉。父母俱存，兄弟无故，一乐也。仰不愧于天，俯不怍于人，二乐也。得天下英才而教育之，三乐也。"怍，惭愧。

⑥素位：指未居官位者。

【译文】

有人问："不怨天，不尤人，恐怕在遵循天意和对待人事上都要小心留意吧？"回答说："天和人之间，千头万绪，怎么能够照管得过来呢？有一个简便的方法，那就是从自己身上做起，对每一个念头，每一句话，每一件事都要仔细反省，如果没有什么过错，那祸福毁誉就不需要理会。我没有惹祸而祸来，自有天担错；我没有招谤而谤来，自有他人担错，跟我没什么关系。如果福分和荣誉是我应得的，我不更加欢喜；如果是侥幸得来的，我将会惶惧羞愧。何况自然也有无能为力的时候，人也有知识不够全面的地方，也要体恤这些情况。但最重要的就是担心自己不能感通天地万物，这方面有欠缺，自怨自艾还来不及，哪还能顾及别的？孔子说'上不怨，下不尤'，是说不愿把事物的成败归于自身以外的原因；孟子说'仰不愧，俯不怍'，是说平民百姓遵行的原则，这两个意思是互相配合、互相依赖的。"

气忌盛，心忌满，才忌露。

【译文】

脾气忌讳太盛，心境忌讳骄傲自满，才华忌讳外露。

奋始怠终，修业之贼也；

缓前急后，应事之贼也；
躁心浮气，畜德之贼也；
疾言厉色，处众之贼也。

【译文】

有始无终，是学业的大敌；前缓后急，是做事的大敌；心情浮躁，是修养的大敌；疾言厉色，是处理人际关系的大敌。

名心盛者必作伪。

【译文】

好名之心过于强烈的人，必定会作伪造假以粉饰自己。

见义不为，又托之违众，此力行者之大戒也。若肯务实，又自逃名，不患于无术。吾窃以自恨焉。

【译文】

见义而不为，又借口害怕违背众人的意愿，这是身体力行的人最要防备的。如果能够务实，又不计较名声，就不怕没有办法。我私下里因此恨自己（没有做到这些）。

"恭敬谦谨"，此四字有心之善也；"狎侮傲凌"，此四字有心之恶也。人所易知也。至于"怠忽惰慢"，此四字乃无心之失耳。而丹书之戒①，"怠胜敬者凶"，论治忽者②，至分存亡。《大学》以"傲、惰"同论③，曾子以"暴、慢"连语者④，何哉？盖天下之祸患皆起于四字，一身之罪过皆生于四字。急则一切苟且，忽则一切昏忘，惰则一切疏懒，慢则一切延迟。以之应事则万事皆废，以之接人则众心皆离。古人临民如驭朽索⑤，使人如承大祭⑥，况接平交以上者乎？古人处事不泄迩，不忘远，况目前之亲切重大者乎？故曰"无众寡，无小大，无敢慢"⑦，此九字即"毋不敬"⑧。"毋不敬"三字非但圣狂之分，存亡、治乱、死生、祸福之关也，必然不易之理也，沉心精应者始真知之。

【注释】

①丹书：托言天命所授之书。语出《大戴礼记·武王践阼》："武王召师尚父而问焉，曰：'昔黄帝、颛顼之道存乎？'尚父曰：'在丹书，王欲闻之，则斋焉。'其书曰：'敬胜怠者吉，怠胜敬者灭，义胜欲者从，欲胜义者凶。'王闻书之言，惕若恐惧，退而为戒书。"

②治忽：指社会安定与荒乱。

③《大学》以"傲、惰"同论：《大学》第八章："所谓齐其家在修其身者，人之其所亲爱而辟焉，之其所贱恶而辟焉，之其所畏敬而辟焉，之其所哀矜而辟焉，之其所傲惰而辟焉。故好而知其恶，恶而知其美者，天下鲜矣。"

④曾子以"暴、慢"连语者：《论语·泰伯》："曾子有疾，孟敬子问之。曾子言曰：'鸟之将死，其鸣也哀；人之将死，其言也善。君子所贵乎道者三：动容貌，斯远暴慢矣；正颜色，斯近信矣；出辞气，斯远鄙倍矣。笾豆之事，则有司存。'"暴，粗暴严厉。慢，放肆。

⑤临民如驭朽索：《尚书·五子之歌》："予临兆民，懍乎若朽索之驭六马，为人上者，奈何不敬。"

⑥使人如承大祭：《论语·颜渊》："仲弓问仁。子曰：'出门如见大宾，使民如承大祭，己所不欲，勿施于人，在邦无怨，在家无怨。'"

⑦"无众寡，无小大，无敢慢"：语出《论语·尧曰》："君子无众寡，无小大，无敢慢，斯不亦泰而不骄乎？"众寡，指人多少。小大，指势的大小。慢，怠慢。

⑧"毋不敬"：语出《礼记·曲礼上》："毋不敬，俨若思，安定辞，安民哉。"毋，不要。

【译文】

"恭敬谦谨"，这是有心行善；"狎侮傲凌"，这是有心作恶。这些人们都容易看到。至于"怠忽惰慢"，则是无心的过失。丹书之戒所谓"怠胜敬者凶"，被评论治乱的人看作国家存亡的关键。《大学》把"傲""隋"当作一回事，曾子把"暴""慢"相提并论，这是为什么呢？大概天下的祸患、个人的罪过都源于这四个字。怠，就会一切得过且过；忽，就会一切昏忽忘记；惰，就会一切疏懒；慢，就会一切拖延。这样办事，什么事都会荒废；这样处世，就会众叛亲离。古人统治百姓如同用腐朽的缰绳驾驭马车那样小心谨慎，役使民众就像举行庄严的祭祀那样庄重，更何况对待比自己地位高的人呢？古人处理事情不放松当前的事，不忘记长远的事，更何况眼下事关自身的大事呢？因此孔子讲"无众寡，无小大，无敢慢"，这九个字就是"毋不敬"的意思。"毋不敬"这三个字不但是区分圣、狂的标准，也是存亡治乱、生死祸福的关键，是永远不变的事理。专心研究的人，才能认识到它的真谛所在。

贪无足羞,可羞是贫而无志;
贱不足恶,可恶是贱而无能;
老不足叹,可叹是老而虚生;
死不足悲,可悲是死而无闻。

【译文】

贫穷没有什么可羞耻的,可耻的是贫穷且没有志气;地位微贱并没什么值得厌恶的,可恶的是地位微贱又没有才能;年老并没有什么可感叹的,可叹的是年老却虚度此生;死亡没有什么可悲伤的,可悲的是死得无声无息,无人感念。

喜来时一点检,怒来时一点检,怠惰时一点检,放肆时一点检,此是省察大条款。人到此多想不起,顾不得,一错了便悔不及。

【译文】

在高兴的时候反省自己,发怒的时候反省自己,疏忽懒惰的时候反省自己,放肆的时候反省自己,这是自我反省最重要的原则。但人到这时候往往想不起来、顾及不到,一旦错了,便后悔莫及。

难管底是任意,难防底是惯病,此处着力,便是穴上着针,痒处着手。

【译文】

难以管制的是任意妄为,难以防止的是老毛病,在这些地方努力，才能像在穴位上扎针、在痒处抓挠一样有效果。

　　处利则要人做君子，我做小人；处名则要人做小人，我做君子，斯惑之甚也。圣贤处利让利，处名让名，故淡然恬然，不与世忤。

【译文】

　　在利益上要别人做君子谦让，自己做小人独占；在名誉上要别人做小人，自己做君子，这真是糊涂啊！圣贤在遇到利益的时候谦让利益，面对名誉的时候辞让名誉，因此恬然淡泊、与世无争。

　　力有所不能，圣人不以无可奈何者责人；心有所当尽，圣人不以无可奈何者自诿。

【译文】

　　人有力所不及的，圣人从不因无可奈何而责备他人；人心有当尽了义务，圣人从不用无可奈何来推卸自己的责任。

　　寡恩曰薄，伤恩曰刻，尽事曰切，过事曰激。此四者，宽厚之所深戒也。

【译文】

　　缺少恩爱叫作薄，伤害恩爱叫作刻，做事太急叫作切，办事过分叫作激。这四种过失，是宽厚之人深为警惕的。

　　足恭过厚，多文密节，皆名教之罪人也。圣

人之道自有中正。彼乡原者①，徼名惧讥、希进求荣、辱身降志，皆所不恤，遂成举世通套。虽直道清节之君子，稍无砥柱之力，不免逐波随流，其砥柱者旋以得罪。嗟夫！佞风谀俗，不有持衡当路者一极力挽回之，世道何时复古耶？

【注释】

①乡原：言行不符，伪善欺世的人。《论语·阳货》："乡原，德之贼也。"

【译文】

过度的谦恭，过分的亲厚，过多的文饰，过繁的礼节，都是礼教的罪人。圣人之道自然有其中正之处。那些乡原，追求名声、惧怕讥讽，希图提升、渴求荣誉，即使辱身降志，也不顾惜，他们的做法于是成了世人遵行的俗套。即使是直道而行、清高守节的君子，稍微欠缺砥柱般的力量，就不免会随波逐流，而那些挺立激流之中坚持不屈的人很快就会获罪。唉！那些佞风谀俗如果没有主持公正的执政者极力挽回的话，世道何时能回归古代的淳厚呢？

礼义之大防，坏于众人一念之苟。譬如由径之人①，只为一时倦行几步，便平地踏破一条蹊径，后来人跟寻旧迹，踵成不可塞之大道。是以君子当众人所惊之事略不动容，才干碍礼义上些须，便愕然变色，若触大刑宪然，惧大防之不可溃，而微端之不可开也。嗟夫！此众人之所谓迂而不以为重轻者也，此开天下不可塞之衅者，自苟且之人始也。

【注释】

①由径之人：走小路的人。

【译文】

礼义的大堤，往往被众人的一念之差所毁。就像走小路的人，只是为了懒得多走几步路，便在平地上踩出一条小路，后来的人们跟着走，结果就成了不可堵塞的大道。因此君子在众人大惊小怪的时候，一点也不为之所动，但在人们稍微违背礼义时，才大惊失色，好像他们犯了大罪。要时刻警惕防止礼义的大堤崩溃，那么连小小的开端也不能允许。唉！这些正是众人认为迂腐而不加以重视的事情。同时，为天下不允许的事情做了开端的，就是从苟且妥协的人开始的。

吉凶祸福是天主张，毁誉予夺是人主张，立身行己是我主张。此三者，不相夺也。

【译文】

吉凶祸福是由命运决定的，诋毁、赞誉、赐予和夺取是由别人来决定的，如何立身行事是由自己决定的。这三者，互相之间互不干涉。

凡在我者，都是分内底；在天在人者，都是分外底。学者要明于内外之分，则在内缺一分，便是不成人处；在外得一分，便是该知足处。

【译文】

凡取决于自己的事，都属于分内应该做的；取决于命运和他人的东西，都是分外得到的。学者要明白分内和分外的区别，分内有一分欠缺，就是做人不够之处；分外得到一分，就应该知足了。

有德之容，深沉凝重，内充然有余，外阒然无迹①。若面目都是精神，即不出诸口，而漏泄已多矣，毕竟是养得浮浅，譬之无量人，一杯酒便达于面目。

【注释】

①阒（qù）然无迹：无影无踪。阒，空寂。

【译文】

凡品德高尚者面容都深沉凝重，内心非常充实，而外表却不露任何痕迹。如果脸上表现出全部情绪，即使不开口，内心还是会暴露出来。毕竟还是修养很肤浅，好像没有酒量的人，只喝一杯酒就会脸红。

毁我之言可闻，毁我之人不必问也。使我有此事也，彼虽不言，必有言之者。我闻而改之，是又得一不受业之师也。使我无此事耶，我虽不辩，必有辩之者。若闻而怒之，是又多一不受言之过也。

【译文】

责备我的话我可以听，责备我的人就不必去追问了。假如我有某件做得不好的事，即使他不说，也必然有人会说。我听到后加以改正，这等于又得到了一位虽不是在他门下却能教育我的老师。假如我没做这件事，我即使不辩解，也必然有人会为我辩解。如果听了发怒,这就又多了一个不能听取意见的过失。

精明,世所畏也,而暴之;才能,世所妒也,而市之,不没也夫!

【译文】

精明是世人所畏惧的,却要显露出来;才能是世人所嫉妒的,却加以炫耀,这岂不是自找倒霉!

清议酷于律令,清议之人酷于治狱之吏。律令所冤,赖清议以明之,虽死犹生也;清议所冤,万古无反案矣。是以君子不轻议人,惧冤之也。惟此事得罪于天甚重,报必及之。

【译文】

清议比律令还要严酷,清议之人比治狱的官吏还要残酷。被律令所冤枉的人,可以依靠清议得以昭雪,虽死犹生;而被清议所冤枉的,万年也不能翻案。所以君子不轻易评议别人,是害怕冤枉了别人。只有清议这事得罪于天最重,受到的报应也必然最重。

权贵之门,虽系通家知己也[①],须见面稀、行踪少就好。尝爱唐诗有"终日帝城里,不识五侯门"之句[②],可为新进之法。

【注释】

①通家：世交。

②"终日帝城里，不识五侯门"：唐张继《感怀》诗："调与时人背，心将静者论。终日帝城里，不识五侯门。"

【译文】

对于有权有势、地位高贵的人家，即便是世交好友，也要少见面、少来往才好。我很欣赏唐诗中"终日帝城里，不识五侯门"那样的句子，可以作为新入仕途之人的处世方法。

闻世上有不平事，便满腹愤懑，出激切之语，此最浅夫薄子，士君子之大戒。

【译文】

一听到世上有不平之事，便满腹愤懑，发表一些激愤的言论。这是修养浅薄的表现，也是士人君子应引以为戒的。

仁厚、刻薄是修短关；行止、语默是祸福关；勤惰、俭奢是成败关；饮食、男女是死生关。

【译文】

仁厚还是刻薄，是修养的关键；行动还是静止、言谈还是沉默，是祸福的关键；勤劳还是懒惰、俭朴还是奢侈，是成败的关键；日常饮食与男女之情，是生死的关键。

多少英雄豪杰，可与为善而卒无成，只为拔此身于习俗中不出。若不恤群谤，断以必行，以古人为契友，以天地为知己，任他千诬万毁何妨？

【译文】

有多少英雄豪杰,本来可以做许多好事,可终究一事无成,只是因为不能从习俗中摆脱出来。如果能不顾忌众人的诽谤,决断以后就努力去做,以古人为朋友,以天地为知己,那么纵有千诬万毁又有何妨呢?

世间至贵,莫如人品,与天地参,与古人友,帝王且为之屈,天下不易其守。而乃以声色、财货、富贵、利达,轻轻将个人品卖了,此之谓自贱。商贾得奇货亦须待价,况士君子之身乎?

【译文】

世上最宝贵的就是人品。人品如果能与天地相参,与古人相合,就连帝王都会为之折服,整个天下都不能改变其操守。可是竟然因为声色、财货、富贵、利益,就轻易地把自己的人格出卖了,这就叫作自贱。商人得到奇货尚且要待价出售,更何况君子呢?

世有十态,君子免焉。无武人之态(粗豪),无妇人之态(柔懦),无儿女之态(娇稚),无市井之态(贪鄙),无俗子之态(庸陋),无荡子之态(儇佻),无伶优之态(滑稽),无闾阎之态(村野),无堂下人之态(局迫),无婢子之态(卑诌),无侦谍之态(诡暗),无商贾之态(炫售)。

【译文】

　　世上有十种世俗的情态,正人君子要加以避免。一是不要有武夫的粗豪之态,二是不要有妇人的柔懦之态,三是不要有儿女的娇稚之态,四是不要有市井之徒的贪鄙之态,五是不要有凡夫俗子的庸陋之态,六是不要有浪荡子弟的轻佻之态,七是不要有优伶的滑稽之态,八是不要有乡间的村野之态,九是不要有堂下罪人的局促之态,十是不要有奴婢仆从的自卑谄媚之态,十一是不要有间谍的阴谋诡计之态,十二是不要有商人的炫耀沽售之态。

　　　　心无留言,言无择人,虽露肺肝,君子不取也。彼固自以为光明矣,君子何尝不光明?自不轻言,言则心口如一耳。

【译文】

　　心里想到什么就说什么,说话不看对象,即使以肝胆相示,君子也不会这样做。这种人固然自以为光明正大,君子何尝不光明正大?只是自己不轻易说话,要说话就心口如一。

　　　　保身底是德义,害身底是才能。德义中之才能,呜呼,免矣。

【译文】

　　保全自身的是道德仁义,危害自身的是才华能力。唉!才华能力如果合乎道德仁义,就能免除灾祸。

　　　　无责人,自修之第一要道;

能体人，养量之第一要法。

【译文】

不责备他人，是自我修养的关键；能体谅他人，是涵养气量的最基本方法。

亡我者，我也。人不自亡，谁能亡之？

【译文】

能够毁灭自己的，是我自己。人不自取毁灭，谁能毁灭他？

且莫论身体力行，只听随在聚谈间，曾几个说天下、国家、身心、性命正经道理？终日哓哓刺刺，满口都是闲谈乱谈。吾辈试一猛省，士君子在天地间可否如此度日？

【译文】

且不说身体力行，只要随便听听人们聚在一起谈话的时候，有几个在谈论天下、国家、身心、性命这些正经的道理？整天叽叽喳喳说个不停，满口都是闲谈乱扯。我们要试着猛然反省一下，士人君子在天地间是否可以这样过日子？

不善之名每成于一事，后有诸长不能掩也，而惟一不善传。君子之动，可不慎与？

【译文】

不好的名声常因一件事就落到自己头上。以后虽有种种善行,也无法掩盖。善行传不开,而只有这件不好的事却传得很远。君子的一举一动,难道能不慎重吗?

既做人在世间,便要劲爽爽、立铮铮底。若如春蚓秋蛇、风花雨絮,一生靠人作骨,恰似世上多了这个人。

【译文】

既然在世间做人,就要做到刚劲利落、铁骨铮铮。如果像春蚓秋蛇、风花雨絮那样,一生都依靠他人撑腰,那么世上有你这么个人也是多余的。

先王之礼文用以饰情①,后世之礼文用以饰伪。饰情则三千三百虽至繁也,不害其为率真;饰伪则虽一揖一拜,已自多矣。后之恶饰伪者乃一切苟简决裂,以溃天下之防,而自谓之率真,将流于伯子之简而不可行②,又礼之贼也。

【注释】

①饰情:用适当形式表达情感。

②伯子:指子桑伯子,见《论语·雍也》。朱熹注:"《家语》记伯子不衣冠而处,孔子讥其欲同人道与牛马。"

【译文】

古圣先王的礼仪是为了表达真实的情感,后代的礼仪则被用来掩饰虚伪的念头。表达真实情感的礼仪即便有威仪三千、礼仪三百这些烦琐的规定，也不影响其直率真诚；掩饰虚伪念头的方法，即便是作一下揖、叩一下头，也是多余的。后世还有一种厌恶掩饰虚伪的人，把一切礼仪都当成多余的，将一切从简，破坏了礼仪，自称直率真诚，这就流于桑伯子那样的简慢，根本不可行，也是礼仪的大敌。

余待小人不能假辞色，小人或不能堪。年友王道源危之①，曰："今世居官，切宜戒此。法度是朝廷底，财货是百姓底，真借不得。人情，至于辞色，却是我的，假借些儿何害？"余深感之，因识而改焉。

【注释】

①年友：科举时，同榜登科的同窗。

【译文】

我对待小人没有办法给予好脸色，因此小人常常感到很难堪，无法忍受。我的同窗好友王道源劝告说："现在做官千万不要这样。法度是朝廷规定的，财货是百姓生产的，这些都不能妥协折中。至于感情，却是自己的，随和一些又有什么关系？"我听了这话深有感触，因此就记录下来努力改正。

刚、明，世之碍也。刚而婉，明而晦，免祸也夫！

【译文】

刚强、精明，是处世的障碍。刚强而又委婉，精明而又隐晦，这样才能够免祸。

有过是一过，不肯认过又是一过。一认则两过都无，一不认则两过不免。彼强辩以饰非者，果何为也？

【译文】
　　有过错是一种过错，不肯认错又增加了一种过错。认了错那么两种过错都没有了，不认错那么两种过错都免不掉。那些为自己强辩来掩饰错误的人，到底是为了什么呢？

　　君子之为善也，以为理所当为，非要福，非干禄；其不为不善也，以为理所不当为，非惧祸，非远罪。

【译文】
　　君子之所以做好事，是认为从道理上讲应当做，并不是为了求得福分，也不是为了追求官位；他们不做坏事，是认为从道理上讲不应该做，并不是害怕灾祸，也不是为了避免罪责。

　　蜗以涎见觅，蝉以身见粘，萤以光见获。故爱身者，不贵赫赫之名。

【译文】
　　蜗牛因为自己吐出的涎而被人找到，蝉因为自己的身体而被人粘住，萤火虫因为自己发出的光而被人抓到。所以爱护自身性命的人，不看重显赫的名声。

士大夫殃及子孙者有十：一曰优免太侈①，二曰侵夺太多，三曰请托灭公②，四曰恃势陵人，五曰困累乡党，六曰要结权贵、损国病人，七曰盗上剥下、以实私橐，八曰簧鼓邪说③、摇乱国是，九曰树党报复、阴中善人，十曰引用邪昵④、虐民病国。

【注释】

①优免：如免税、免役等。

②灭公：损害大家之事。宋林逋《省心录》："私心胜者，可以灭公。"

③簧鼓：笙竽等乐器皆有簧，吹之则鼓动出声。比喻巧言惑人。

④邪昵：邪恶小人。

【译文】

做官的人会在以下十个方面给子孙带来祸害：一是免役减税等好处太多；二是强取豪夺；三是徇私损公；四是仗势欺人；五是在家乡作威作福；六是巴结权贵，损国害民；七是欺上瞒下，中饱私囊；八是搬弄是非，扰乱国是；九是结党营私，暗害好人；十是举荐奸邪，任人唯亲，欺压百姓，危害国家。

智者不与命斗，不与法斗，不与理斗，不与势斗。

【译文】

有大智慧的人不与命运争斗，不与法律争斗，不与天理争斗，不与时势争斗。

　　入庙不期敬而自敬，入朝不期肃而自肃，是以君子慎所入也；见严师则收敛，见狎友则放恣，是以君子慎所接也。

【译文】

　　进入宗庙，自然而然地起恭敬之心；进入朝廷，自然而然地生严肃之心，因此君子对所去之处要慎重。看见严厉的老师就会收敛，看见亲昵的朋友就会放肆，因此君子与人结交要谨慎。

　　恣纵既成，不惟礼法所不能制，虽自家悔恨，亦制自家不得。善爱人者无使恣纵，善自爱者亦无使恣纵。

【译文】

　　放纵成了习惯，不仅礼法管束不了，就是自己悔恨不已，也无法再约束自己了。善于爱护别人的人，就不要使人放纵；善于自爱的人，也不要自我放纵。

　　与其抑暴戾之气，不若养和平之心；与其裁既溢之恩，不若绝分外之望；与其为后事之厚，不若施先事之薄；与其服延年之药，不若守保身之方。

【译文】

　　与其抑制暴戾之气，不如涵养和平之心；与其减少已经过多的恩惠，不如开始就断绝他人的奢望；与其在父母去世后办奢华的葬礼，不如在他们活着时予以必要的奉养；与其服用益寿延年的药物，不如严格执行保身的方法。

其恶恶不严者，必有恶于己者也；其好善不亟者①，必无善于己者也。仁人之好善也，不啻口出，其恶恶也，"迸诸四夷，不与同中国"。孟子曰："无羞恶之心，非人也。"②则恶恶亦君子所不免者。但恐为己私作恶，在他人非可恶耳。若民之所恶而不恶，谓为民之父母，可乎？

【注释】

①亟：尽。

②"无羞恶之心"二句：语出《孟子·公孙丑上》："无恻隐之心，非人也；无羞恶之心，非人也；无辞让之心，非人也；无是非之心，非人也。"

【译文】

对恶不深恶痛绝的人，自己本身也必有恶行；对善不强烈喜欢的人，自己必然也有不善的行为。仁义之人的好善，不只是口头说说而已，其厌恶邪恶，恨不得把恶丢弃到四夷之地去，不让恶和自己共存于中国。孟子说："无羞恶之心，就不是人。"因此，厌恶邪恶也是君子不能缺少的。但恐怕为了自己的私利而作恶，在他人看来却并不可恶。如果民众厌恶的自己却不感到厌恶，那又称得上什么民众的父母官呢？

"懒散"二字，立身之贼也。千德万业，日怠废而无成；千罪万恶，日横恣而无制，皆此二字为之。西晋仇礼法而乐豪放，病本正在此。安肆日偷①，安肆，懒散之谓也，此圣贤之大戒也。甚么降伏得此二字，曰勤慎。勤慎者，敬之谓也。

【注释】

①安肆日偷：安于放恣苟且。《礼记·表记》："君子庄敬日强，安肆日偷。"

【译文】

懒散这两个字，是君子立身行世的大害。各种德业日益怠惰荒废，一事无成，各种罪恶日益横行放纵，没有约束，都是这两个字所造成的恶果。西晋名士一味仇视礼法，追求豪放，其病因就在于"安肆日偷"，即放纵苟且而无拘束。安肆，所说的也就是懒散，这是圣贤修养身心的大戒。那么，什么能够降伏这两字之害呢？只有勤慎。而勤慎，所说的正是敬。

人不自爱，则无所不为；过于自爱，则一无可为。自爱者，先占名，实利于天下国家，而迹不足以白其心则不为；自爱者，先占利，有利于天下国家，而有损于富贵利达则不为。上之者，即不为富贵利达，而有累于身家妻子则不为。天下事待其名利两全而后为之，则所为者无几矣。

【译文】

人不自爱，那么就会无所不为；而过于自爱，那么就会一无可为。自爱的人，最先考虑的是名，即使事情的结果有利于天下国家，但其行迹不能够表白他的心志就不会做；自爱的人，首先考虑的是利，事情有利于天下国家，而有损于自己的富贵就不会做。好一点的人即使不是为了富贵利达，但事情对身家性命、妻子儿女有牵累时也不会做。天下之事如果要等到名利双全后才去做，那么能够做的就没有什么了。

或问修己之道，曰："无鲜克有终①。"问治人之道，曰："无忿疾于顽。②"

【注释】

①鲜克有终：鲜，少；克，能。《诗经·大雅·荡》："靡不有初，鲜克有终。"指有始无终。

②无忿疾于顽：忿疾，愤怒憎恶。《尚书·君陈》："尔无忿疾于顽。"孔安国传："人有顽嚚不喻，汝当训之，无忿怒疾之。"

【译文】

有人问修养身心的方法，回答："不要有始无终。"问治理民众的方法，回答："对愚顽之人不要发怒痛恨。"

人生天地间，要做有益于世底人。纵没这心肠、这本事，也休作有损于世底人。

【译文】

人生在天地之间，就要做一个有益于社会的人。即使没有这样的用心、这样的本事，也千万不能做有害于社会的人。

余参政东藩日①，与年友张督粮临碧在座。余以朱判封，笔浓字大，临碧曰："可惜！可惜！"余擎笔举手曰："年兄此一念，天下受其福矣。"判笔一字，所费丝毫朱耳，积日积岁，省费不知几万倍。充用朱之心，万事皆然。天下各衙门积日积岁，省费又不知几万倍。且心不侈然自放，足以养德；财不侈然消费，足以养福。不但天物不宜暴殄②，民膏不宜慢弃而已。夫事有重于费者，过费不为奢；省有不废事者，过省不为吝。余在抚院日，不俭于纸而戒示吏书片纸皆使有用。比见富贵家子弟用财货如泥沙，长余之惠既不及人，有用之物皆弃于地，胸中无不忍一念，口中无可惜二字。人或劝之，则曰："所值几何？"余尝号为沟壑之鬼，而彼方侈然自快，以为大手段不小家势，痛哉！儿曹志之。

【注释】

①参政东藩：吕坤在明神宗万历十六年（1588）曾任济南道参政。东藩，东方的藩国，代指济南。

②暴殄：灭绝，残害。《尚书·武成》："今商王受无道，暴殄天物，害虐烝民。"暴殄天物，本指任意残害天生万物，后指任意糟蹋东西。

【译文】

我在济南道任参政的时候，与同年登科的朋友、督粮道张临碧在一起闲坐。我用朱砂写的"判"字，颜色浓字体大，张临碧说："可惜！可惜！"我拿着笔举起手说："年兄的这一个念头，会使天下人得福啊！"一个"判"字，所费的朱墨不过几毫，但日积月累，节约和浪费之间不知道相差多少万倍。把节约朱墨的用心推而广之，什么事情都是这样。如果天下所有衙门都这样，日积月累，节约和浪费之间不知道又会相差多少万倍。况且如果不放纵奢侈之心，还能修养道德；不奢侈浪费财物，又能积养福泽，不光是不该暴殄天物、浪费民财而已。如果事情值得破费，花得再多也不是奢侈；如果节省而不会误事，再节省也不是吝啬。我在抚院的时候，对用纸并不吝啬，但告诫手下的文书要使每一张纸都要有用。后来见到富家子弟挥金如土，用剩的东西不肯送人，还能用的东西也都扔掉，心中没有一点不忍心的念头，嘴上从不说"可惜"两字。有人相劝，他们就说："这能值几个钱？"我曾把他们称为沟壑之鬼，而他们却以奢侈为乐，认为这是有气派、不显小家子气。真让人痛心啊！儿孙们应该记住这些。

　　今人苦不肯谦，只要拿得架子定，以为存体。夫子告子张从政，以无小大、无众寡、无敢慢为不骄。而周公为相，吐握、下白屋①，甚者父师有道之君子②，不知损了甚体？若名分所在，自是贬损不得。

【注释】

　　①吐握、下白屋：吐握，"吐哺握发"的简称，比喻为招览贤才而操心劳碌。《史记·鲁周公世家》："周公戒伯禽曰：'我文王之子，武王之弟，成王之叔父，我于天下亦不贱矣。然我一沐三捉发，一饭三吐哺，起以待士，犹恐失天下之贤人。子之鲁，慎无以国骄人。'"白屋，古代平民之屋，因屋不施彩，故称白屋。

　　②父师有道之君子：《史记·齐太公世家》载，周文王、周武王曾拜吕尚为父师。刘向《别录》："师之、尚之、父之，故曰师尚父。"

【译文】

　　现在的人就是不肯谦虚，以为只要端架子，就是体面。孔子曾告诫子张：从政时无论国家大小、人口多少，都不能疏忽轻视，这才叫作不骄。周公做宰相，吃饭时吐掉食物、沐浴时握住头发而出来接待贤士，亲自造访平民百姓。更有甚者，以道德高尚的人为父师。这样做不知失了什么体面？如果名誉地位真的到了一定程度，没有架子自然贬损不了体面。

　　　　清无事澄，浊降则自清；礼无事复，己克则
　　　　自复。去了病便是好人，去了云便是晴天。

【译文】

　　本来就清的水不需要专门澄清，等浊物沉下去了，自然就恢复了清澈。礼法没必要去刻意恢复，克制私欲，约束自己，自然就恢复了礼法。病没了人自然就恢复健康，云彩散了自然就是晴天。

　　　　要得富贵福泽，天主张，由不得我；
　　　　要做贤人君子，我主张，由不得天。

【译文】

　　是否能得到富贵福泽，那是上天决定的事情，由不得我；是否要做个贤人君子，那是我自己决定的事情，与上天无关。

　　　　不为三氏奴婢，便是两间翁主。三氏者何？
　　　　一曰气质氏，生来气禀在身，举动皆其作使，如
　　　　勇者多暴戾、懦者多退怯是矣；二曰习俗氏，世

态既成，贤者不能自免，只得与世浮沉，与众依违，明知之而不能独立；三曰物欲氏，满世皆可媅之物，每日皆殉欲之事，沉痼留连，至死不能跳脱。魁然七尺之躯，奔走三家之门，不在此则在彼。降志辱身，心安意肯，迷恋不能自知，即知亦不愧愤。大丈夫立身天地之间，与两仪参，为万物灵，不能挺身自竖，而依门傍户于三家，轰轰烈烈，以富贵利达自雄，亦可怜矣！予即非忠臧义获①，亦豪奴悍婢也，咆哮踯躅，不能解粘去缚，安得挺然脱然独自当家为两间一主人翁？可叹可恨。

【注释】

①忠臧义获：忠实的奴婢。臧，男奴隶；获，古代对女婢的贱称。

【译文】

如果不当三姓奴婢，就是天地间的主人。三姓是什么呢？一是气质，人生来就具有，行为举止都受它支配，如勇敢的人大都暴戾、怯懦的人大都畏缩就是气质使然。二是习俗，社会风气已经形成，贤明的人也无法超脱，只能随波逐流，附和众人，明知不对也不能保持独立。三是物欲，满世界都是可贪之物，每天都有放纵之事，沉溺其中至死不能超脱。以堂堂七尺之躯，奔走于三家之门，不在这家就在那家，丧失气节、污浊声誉而心安理得，迷恋其中而不明白，即使明白，也不觉羞愧而发愤。大丈夫立身天地之间，与阴阳两仪为伴，为万物之灵，却不能挺身独立而依傍于三氏之家，以轰轰烈烈、富贵利达而自鸣得意，也真是太可怜了。我即便不是忠实的奴婢，也只是一个凶悍的仆人，咆哮发怒、徘徊挣扎而不能摆脱束缚、安然超脱，独立自主而为天地间一主人，真是可叹可恨。

　　自家作人，自家十分晓底，乃虚美薰心，而喜动颜色，是谓自欺；别人作人，自家十分晓底，乃明知其恶，而誉侈口颊，是谓欺人。二者皆可耻也。

【译文】

　　自己是什么样的人自己十分清楚，却虚荣自夸而喜形于色，这叫自欺；别人是什么样的人自己十分清楚，明知其缺点却肉麻吹捧，这叫欺人。这两者都是可耻的。

　　清人不借外景为襟怀，
　　高士不以尘识染情性。

【译文】

　　心境清旷的人不用借助外景抒发胸怀，品德高尚的人不会被世俗偏见所污染。

　　古之士民，各安其业，策励精神，点检心事。昼之所为，夜而思之，又思明日之所为。君子汲汲其德①，小人汲汲其业，日累月进，旦兴晏息，不敢有一息惰慢之气。夫是以士无慆德②，民无怠行；夫是以家给人足，道明德积。身用康强，不即于祸。今也不然，百亩之家不亲力作，一命之士不治常业，浪谈邪议，聚笑觅欢，耽心耳目之玩，骋情游戏之乐，身衣绮縠③，口厌刍豢④，志溺骄佚，憒然不知日用之所为，而其室家土田百物往来之费又足以荒志而养其淫，消耗年华，妄费日用。噫！是亦名为人也，无惑乎后艰之踵至也。

【注释】

①汲汲：心情急切的样子。

②慆：怠慢。

③绮縠：绮，有花纹的丝织品。縠，绉纱。

④刍豢：泛指家畜，这里指各种肉食。

【译文】

古代的民众，安居乐业，勤勉努力，反省内心，白天做过的事情，到了晚上便进行反思，然后再考虑明天要干的事情。君子时刻修养自己的品德，民众时刻经营自己的产业，日积月累，早起晚睡，不敢有一点懒惰的念头。那样，君子就没有违反道德的事情，民众也就没有懒惰的行为；因此家境殷实，衣食丰足，道德高尚，身体健康，也就没有什么灾祸发生。现在就不一样了，有数百亩田地的人家不自己耕种，被任命的官员不恪尽职守，整日信口雌黄，寻欢作乐，沉醉于声色玩笑，纵情于嬉闹享乐；穿着绫罗绸缎，吃着珍馐佳肴，意志消沉，骄奢淫逸，昏昏沉沉，不知每天都在干什么，而其财产收入又足以使他心志荒怠，淫逸成性，虚度年华，浪费金钱。唉！这种人也配叫作人？毫无疑问，这样下去艰难困苦就会接踵而来了。

问　学

学必相讲而后明，讲必相直而后尽①。孔门师友不厌穷问极言②，不相然诺承顺，所谓"审问明辨"也。故当其时，道学大明，如拨云披雾，白日青天，无纤毫障蔽。讲学须要如此，无坚自是之心，恶人相直也。

【注释】

①直：质疑，辩论。
②厌：厌烦。

【译文】

学问必须相互讨论然后才能明白，讨论必须相互质疑辩论然后才能弄清是非。孔门师友询问、讨论问题喜欢追根究底，不轻易同意或顺从对方的意见，这就是"审问明辨"的真正含义。所以，他们所处的时代，先圣之学大放光彩，好比拨开云雾，只见白日青天，没有丝毫的障碍、遮蔽。讲论学问就应该这样，不要固执地认为自己的意见就是正确的，也不要害怕别人的质疑。

读书人最怕诵底是古人语，做底是自家人。这等读书，虽闭户十年，破卷五车，成甚么用？

【译文】

读书人最怕的是学习古代的圣贤之道，而做起事来，却依然我行我素。如果这样去读书，即使是闭门谢客十年，博览群书，又能有什么用呢？

不由心上做出，此是喷叶学问；不在独中慎起，此是洗面工夫，成得甚事？

【译文】

不是由自己心中认识得出的学问，就像种树只往叶子上浇水一样，是肤浅的学问；不在独处时谨慎做起的工夫，就如同只洗脸不洗全身一样，只是表面的工夫。能成就什么事业呢？

上吐下泻之疾，虽日进饮食，无补于憔悴；入耳出口之学，虽日事讲究，无益于身心。

【译文】

得了上吐下泻的疾病，虽然每天照常饮食，也改变不了憔悴的面容；对于听了就忘、不存心上的学问，即使天天潜心研究，对身心也没有任何益处。

学者只是气盈，便不长进。含六合如一粒，觅之不见；吐一粒于六合，出之不穷，可谓大人矣。而自处如庸人，初不自表异；退让如空夫，初不自满足，抵掌攘臂视世无人，谓之以善服人则可。

【译文】

学者只要气盛，就不会进步。将天地四方包含收尽如含一粒米，却寻觅不见；吐一粒米至天地四方，又用之不穷，这真可以称作伟大的人。而自己只把自己当普通人，从不标新立异；自己常退避谦让像没有知识的人，从不自我满足、骄傲自大、目中无人。这可以叫作以善服人。

圣门学问心诀，只是不做贼就好。或问之，曰："做贼是个自欺心、自利心。学者于此二心，一毫摆脱不尽，与做贼何异？"

【译文】

孔门圣学的秘诀，就是不做贼就行。有人问这是什么意思。回答："做贼意味着有自欺心、自利心。做学问的人如果摆脱不掉自欺心、自利心，这和做贼又有什么区别？"

理以心得为精，故当沉潜，不然，耳边口头也。事以典故为据，故当博洽，不然，臆说杜撰也。

【译文】

道理只有从心中体会出来才精确，所以应当潜心沉思，不然，只不过是听到有人说过也就算了。做事要以典故为依据，所以应当做到见多识广，不然，只不过是随心所欲地杜撰。

劝学者，歆之以利名；劝善者，歆之以福祥，哀哉！

【译文】

劝人学习的人，以利禄功名相激励；劝人行善的人，以福祉吉祥相激励。这样做真可悲啊！

工夫全在冷清时，力量全在浓艳时。

【译文】

冷清寂寞的时候可以体现出一个人的修养工夫，红火热闹的时候可以体现出一个人的自我克制力量。

自天子以至于庶人，自尧、舜以至于途之人，必有所以汲汲皇皇者①，而后其德进、其业成。故曰鸡鸣而起，舜、跖之徒皆有所孳孳也②。无所用心，孔子忧之曰："不有博弈者乎？"惧无所孳孳者，不舜则跖也。今之君子纵无所用心而不至于为跖，然饱食终日，惰慢弥年，既不作山林散客，又不问庙堂急务，如醉如痴，以了日月。《易》所谓"君子进德修业，欲及时也"，果是之谓乎？如是而自附于清品高贤，吾不信也。孟子论历圣道统心传，不出"忧勤惕励"四字，其最亲切者，曰："仰而思之，夜以继日；幸而得之，坐以待旦。"此四语不独作相，士、农、工、商皆可作座右铭也。

【注释】

①汲汲皇皇：急切、紧张貌。
②"故曰"二句：《孟子·尽心上》："孟子曰：'鸡鸣而起，孳孳为善者，舜之徒也。鸡鸣而起，孳孳为利者，跖之徒也。'"

【译文】

从皇帝到平民百姓，从尧、舜以至于路上的行人，都有值得努力、不懈追求的目标，这样道德修养才能不断提高，事业才能有所成就。因此古人说鸡鸣而起，虞舜、盗跖那样的人都为了善或利在孳孳以求。对于没有任何目标的人，孔子为之忧虑地说："不是有掷采下棋的游戏吗？干一干也比闲着好啊！"他担心这些无所事事的人成不了虞舜一类的人就会成为盗跖之流。现在这些君子，就是无所用心也不至于成为盗跖。但是饱食终日，成天懒惰散漫，既不做清心寡欲的隐士，也不关心国家的燃眉之急，浑浑噩噩，虚度年华。《易经》所说的"君子进德修业，欲及时也"，难道就是这样的吗？像这样还自认为是清品高贤之人，我是不相信的。孟子论述历代圣人学问的传承，总是讲"忧勤惕励"四个字。其中最打动人的就是："仰而思之，夜以继日；幸而得之，坐以待旦。"（抬头思考，白天没有想明白的道理夜里接着思考；如果侥幸想通了，就坐着等到天亮后马上实行。）这四句话，不仅对宰相，而且对士、农、工、商阶层的人来说，也都可以作为座右铭。

学者，穷经博古，涉事筹今，只见日之不足，惟恐一登荐举，不能有所建树。仕者，修政立事，淑世安民，只见日之不足，惟恐一旦升迁，不获竟其施为。此是确实心肠，真正学问，为学为政之得真味也。

【译文】

求学的人，要通读经书、博览古籍、涉足世事、筹划时务，只感到时间紧迫不够用，只担心一旦被举荐做官，不能有所建树。为官的人，要治理政务、树立政绩、改造世风、安定百姓，只担心时间紧迫不够用，一旦升迁，不能够完成自己的事业。这才是实在的心肠，真正的学问，这才算体会到了为学为政的真正意味。

进德修业在少年，道明德立在中年，义精仁熟在晚年。若五十以前德性不能坚定，五十以后愈懒散，愈昏弱，再休说那中兴之力矣。

【译文】
提升品德、钻研学业应该在少年时期，明白道理、成就道德应该在中年时期，精通义理、谙熟仁道应该在晚年时期。如果五十岁以前还不能使自己的德性坚定，五十岁以后就会更加懒惰散漫，更加昏聩懦弱，哪还什么由衰弱到振奋的力量？

世间无一件可骄人之事，才艺不足骄人，德行是我性分事，不到尧、舜、周、孔便是欠缺，欠缺便自可耻，如何骄得人？

【译文】
世上没有一件事是值得骄傲自大的，才华技艺不值得骄傲，道德品性是应该具备的，没有达到尧、舜、周公、孔子的境界，就是有欠缺，有欠缺就该觉得羞愧，怎么还会骄傲呢？

"无所为而为"，这五字是圣学根源，学者入门念头就要在这上做。今人说话，第二三句便落在"有所为"上来，只为毁誉利害心脱不去，开口便是如此。

【译文】

"无所为而为",这五个字是圣学的根源所在,求学的人在入门的时候就要有这个念头并照此去做。现在的人一开口,说不上两三句话就落在"有所为"上来。只是因为摆脱不了毁誉、利害之心,以致一开口便是这样。

  古之学者在心上做工夫,故发之外面者为盛德之符;今之学者在外面做工夫,故反之于心则为实德之病。

【译文】

古代求学的人,注重在内心的修养上下工夫,所以体现在行动上,是和他的高尚品德相符合的;现在求学的人,只是在表面上下工夫,同他内心所想的完全不同,反而有损于德行。

  古之君子病其无能也,学之;
  今之君子耻其无能也,讳之。

【译文】

古时候的君子以自己无能为缺点,就努力去学习;现在的君子以自己无能为耻,却竭力去掩饰。

  无才无学,士之羞也;有才有学,士之忧也。夫才学非有之为难,而降伏之难。君子贵才学以成身也,非以矜己也;以济世也,非以夸人也。故才学如剑,当可试之时一试,不则藏诸室,无以炫弄，不然，鲜不为身祸者。自古十人而十，百人而百，无一幸免，可不忧哉？

【译文】

无才无学，是读书人的耻辱；有才有学，是读书人的忧患。想要拥有才学不是难事，驾驭才学才是难事。君子看重的是使才学能够成就自身，而不是用来炫耀自己；是为了匡时济世，而不是用来夸耀于人。所以说才学如剑，在可用的时候要用，不用的时候就藏在剑鞘中，不要炫耀，不然，很少有不成为自身祸患的。自古以来，那些爱炫耀自己才学的人，十人中有十人，百人中有百人，无一人可以侥幸免除祸患的，这难道不让人担忧吗？

役一己之聪明，虽圣人不能智；
用天下之耳目，虽众人不能愚。

【译文】

只依靠自己一个人的聪明，即使是圣人也不可能足智多谋；能运用天下人的智慧，即使是中人之资也不会愚蠢。

屋漏之地，可服鬼神；室家之中，不厌妻子，然后谓之真学真养。勉强于大庭广众之中，幸一时一事不露本象，遂称之曰贤人君子，恐未必然。

【译文】

一人独处时，行为可使鬼神信服；和妻子儿女在一起时，行为一样端庄，这样才是有真正的学问和修养。勉强在大庭广众之下克制自己、侥幸在一时一事上没有露出本来面目，就称之为贤人君子，恐怕未必是这样。

> 身不修而惴惴焉，毁誉之是恤；学不进而汲汲焉，荣辱之是忧，此学者之通病也。

【译文】

不加强自身的修养，整天惴惴不安，只为个人的毁誉而担心；不努力求学，成天急切奔忙，只为个人的荣辱而忧心。这是求学人的通病。

> 冰见烈火，吾知其易易也。然而以炽炭铄坚冰，必舒徐而后尽①；尽为寒水，又必待舒徐而后温；温为沸汤，又必待舒徐而后竭。夫学岂有速化之理哉？是故善学者无躁心，有事勿忘从容以俟之而已。

【注释】

①舒徐：舒缓，从容。

【译文】

坚冰遇到烈火，我们就可以看出它很容易融化。用热炭来融化坚冰，就必须慢慢地进行；坚冰完全化成寒水后，必须经过缓慢的过程才能逐渐升温；温水变为沸水后，又必须经过缓慢的过程而蒸发熬干。那么学问怎会有速成的道理呢？因此善于学习的人不要有急躁的心理，遇到事情不要忘记从容不迫，要懂得积少成多。

善学者如闹市求前,摩肩踵足,得一步便紧一步。

【译文】

善于学习的人,就像在闹市中向前行进,摩肩接踵,一步紧跟一步向前走。

学问之道,便是正,也怕杂。不一则不真,不真则不精。入万景之山,处处堪游,我原要到一处,只休乱了脚;入万花之谷,朵朵堪观,我原要折一枝,只休花了眼。

【译文】

学问之道就算纯正,也怕杂乱。不专一就不纯正,不纯正就不精深。风景秀丽的山里处处都值得游览,我本来就只要到一处,不要乱了脚步;花丛之中朵朵都值得观赏,我本来就只要摘一朵,不要看花了眼。

日落赶城门,迟一脚便关了,何处止宿?故学贵及时;悬崖抱孤树,松一手便脱了,何处落身?故学贵着力。故伤悲于老大,要追时除是再生;既失于将得,要仍前除是从头。

【译文】

赶在日落前进城门,迟一步门就关了,到哪里去投宿安身呢?所以求学贵在及时;在悬崖上抱着一棵孤树,手一松便掉下去,到哪里落脚?所以求学贵在用力。等到年老伤悲时，要追回时光除非重生；失去本来可得的，要像从前一样除非从头开始。

点检将来，无愧心、无悔言、无耻行，胸中何等快乐？只苦不能。所以君子有终身之忧。常见王心斋《学乐歌》①，心颇疑之。乐是自然养盛所致，如何学得？

【注释】

①王心斋：即王艮，明代泰州人，字汝止，号心斋先生，为王阳明门生，泰州学派创始人。作有《学乐歌》。

【译文】

将来在检讨自己时，没有羞愧之心，没有后悔之言，没有可耻之行，心中是何等的快乐？只是苦于做不到。所以君子有终身之忧。曾经读过王心斋《学乐歌》，心里很是怀疑，快乐是自然而成的，怎么能够靠学习获得呢？

休蹑着人家脚跟走，此是自得学问。

【译文】

不跟在别人后面走，才能求取属于自己的学问。

呻吟语

卷三 内篇 射集

应　务

闲暇时留心不成，仓卒时措手不得。胡乱支吾，任其成败，或悔或不悔，事过后依然如昨。世之人如此者，百人而百也。"凡事豫则立"①，此五字极当理会。

【注释】

①凡事豫则立：语出《礼记·中庸》："凡事豫则立，不豫则废。""豫"通"预"。

【译文】

闲暇时不留心，一遇到匆忙的事情就不能应付自如。胡乱应付，支吾搪塞，不管事情是成功还是失败。有的会后悔，有的根本就不知道后悔，事情过后依然如故。世上这种不注意总结经验教训的人太多了。"凡事都要预先有所准备才能成功"，这个道理是应当认真对待的。

实见得是时，便要斩钉截铁，脱然爽洁。做成一件事，不可拖泥带水，靠壁倚墙。

【译文】

确实看得真切时，就要坚决果断、爽快麻利地去做。要做成一件事，是不能拖泥带水、犹豫不决的。

人定真足胜天，今人但委于天，而不知人事之未定耳。夫冬气闭藏不能生物，而老圃能开冬花结春实；物性蠢愚不解人事，而鸟师能使雀弈棋、蛙教书。况于能为之人事，而可委之天乎？

【译文】
常言人定胜天，可是现在人们却只知道把命运托付给上天，而不知道人的努力或许可以改变事情的定数！严寒的冬季，万物停止生长，老园丁却能使植物绽放花朵，在春天结果实。动物愚蠢不解人事，驯鸟师却能使雀对弈、蛙教书。更何况人经过努力能够做到的事情，一定要委托于天吗？

责善要看其人何如，其人可责以善，又当自尽长善救失之道：无指摘其所忌，无尽数其所失，无对人，无峭直，无长言，无累言。犯此六戒，虽忠告，非善道矣。其不见听，我亦且有过焉，何以责人？

【译文】
劝人向善，要看这个人本身怎么样，如果这个人可以劝他向善，就应当不断完善我们使他向善改过的方法：不要指责他忌讳的事，不要把他的过错一个不漏地说出来，不要当着别人的面来指责他，不要过分地严峻刚直，不要长篇大论，不要喋喋不休。犯了这六戒，即使是忠告，也是没有用好的方法。如果对方不愿听，我本身肯定也有过错，怎能怪罪别人呢？

余行年五十，悟得"五不争"之味。人问之，曰："不与居积人争富，不与进取人争贵，不与矜饰人争名,不与简傲人争礼节,不与盛气人争是非。"

【译文】

我到五十岁时,悟出了"五不争"的道理。有人问我什么是"五不争",我说:"不与积聚产业的人争富,不与追求功名的人争显贵,不与喜欢自我夸耀的人争名,不与简慢狂傲的人争礼节,不与盛气凌人的人争是非。"

做天下好事,既度德量力,又审势择人。"专欲难成,众怒难犯"①,此八字者,不独妄动人宜慎,虽以至公无私之心行正大光明之事,亦须调剂人情,发明事理,俾大家信从,然后动有成,事可久。盘庚迁殷,武王伐纣,三令五申,犹恐弗从。盖恒情多暗于远识②,小人不便于己私,群起而坏之,虽有良法,胡成胡久③?自古皆然,故君子慎之。

【注释】

①专欲难成,众怒难犯:《左传》襄公十年:"子产曰:'众怒难犯,专欲难成。合二难以安国,危之道也。'"
②恒情:常情。
③胡:怎么。

【译文】

要做成有益于天下的事,既要衡量自己的品德和能力是否能够胜任,又要审时度势,选择适当的人,"专欲难成,众怒难犯"这八个字,不仅是对轻举妄动人的忠告,即使以至公无私之心,行正大光明之事,也要懂得人情世故,讲明事理,使大家信服,然后行动才可以成功,事情才可以永恒。盘庚迁殷,武王伐纣,也需要三令五申,害怕民众不信服。远见卓识常常被人之常情所遮掩,小人遇到不利于自己的事情就会群起而攻之,即使有好方法又如何能成功?更何况长久?自古以来都是如此,所以君子要慎重。

辨学术,谈治理,直须穷到至处,让人不得。所谓"宗庙朝廷便便言"者①,盖道理古今之道理,政事国家之政事,务须求是乃已。我两人皆置之度外,非求伸我也,非求胜人也,何让人之有?只是平心易气,为辨家第一法,才声高色厉,便是没涵养。

【注释】

①"宗庙朝廷便便言":即明辩。语出《论语·乡党》:"其(孔子)在宗庙朝廷,便便言,唯谨尔。"朱熹注:"便便,辩也。"

【译文】

无论是做学术研究,还是谈论治理国家之道,都必须穷究到底,不能谦让。孔子在宗庙朝廷上,就敢于畅所欲言,把自己的意见全部表达出来。真理是古今以来的道理,政事是国家的政事,务须求个正确的意见才能罢休。辩论的双方都要把自己置之度外,不要夹杂个人的感情,不是为了炫耀自己,也不是为了非要胜过别人,而是为了追求真理,所以怎能谦让?但辩论者首先要注意,态度要心平气和,声高色厉是没有涵养的表现。

理直而出之以婉，善言也，善道也。

【译文】

道理充分正确，又能用委婉的语言说出来，这就是善于说话，善于讲道理。

干天下事无以期限自宽，事有不测，时有不给，常有余于期限之内，有多少受用处。

【译文】

干天下任何事情，都不要因为有期限而放纵自我超限，天有不测风云，时间有不充裕之时，所以做事情要给自己留后路。在期限之内留有余地，会受用无穷。

将事而能弭①，当事而能救，既事而能挽，此之谓达权，此之谓才。未事而知其来，始事而要其终，定事而知其变，此之谓长虑，此之谓识。

【注释】

①将事：即将发生的事情。弭：止。

【译文】

能够平息即将发生的事情，补救正在发生的事情，挽回已经发生的事情，这就是通达，就是才能。事情未发生的时候能预知它的发生，事情开始的时候就预料到结果，事情确定的时候能知道变数，这就是长虑，就是见识。

任难任之事,要有力而无气;
处难处之人,要有知而无言。

【译文】

担当难做的事,要有能力而不能冲动;和难相处的人相处,只要心里明白即可,不必讲出来。

昏暗难谕之识,优柔不断之性,刚愎自是之心,皆不可与谋天下之事。智者一见即透,练者触类而通,困者熟思而得,三者之所长,谋事之资也,奈之何其自用也?

【译文】

昏庸愚昧的见识,优柔寡断的性格,刚愎自用的心智,这样的人都不能和他们谋划天下的大事。有智慧的人一看就清楚,练达的人能触类旁通,困惑的人深思熟虑后可以有所得。这三种人的长处,正是谋划事情所需的资质,怎能只依靠自己的力量呢?

事必要其所终,虑必防其所至,若见眼前快意便了,此最无识。故事有当怒而君子不怒,当喜而君子不喜,当为而君子不为,当已而君子不已者。众人知其一,君子知其他也。

【译文】

做事必须考虑到最终的结果,思虑必须防止会发生的事情。如果只图眼前痛快,这是最没有见识的。所以事情有应当愤怒而君子不愤怒的,有值得高兴而君子不高兴的,有该做而君子不做的,有该停而君子不停的。这是因为一般人只看到某个方面,而君子考虑到了其他方面。

人有言不能达意者,有其状非其本心者,有其言貌诬其本心者。君子观人,与其过察而诬人之心,宁过恕以逃人之情。

【译文】

有些人说话词不达意,表情不反映本心,语言掩盖本心。君子观察一个人,与其苛察而弄错别人的本心,不如宽厚一些。

论眼前事,就要说眼前处置,无追既往,无道远图。此等语虽精,无裨见在也。

【译文】

讨论眼前的事情,就要说眼前事怎么处理,不要追究以往的事,不要图谋未来的事。那些话虽然精辟,但对现在却没有益处。

我益智,人益愚;我益巧,人益拙,何者?相去之远而相责之深也。惟有道者,智能谅人之愚,巧能容人之拙,知分量不相及而人各有能不能也。

【译文】

　　我越有智慧，显得别人越愚蠢；我越灵巧，显得别人越笨拙，为什么呢？这是相差太远、责望太甚的缘故。道德修养高尚的人，有智慧却能体谅别人的愚蠢，灵巧却能容忍别人的笨拙。因为他明白每个人的天分力量不同，而每个人各有所长、各有所短。

　　　　论理要精详，论事要剀切①，论人须带二三分浑厚。若切中人情，人必难堪，故君子不尽人之情，不尽人之过。非直远祸，亦以留人掩饰之路，触人悔悟之机，养人体面之余，亦天地涵蓄之气也。

【注释】

　　①剀（kǎi）切：切中事理。

【译文】

　　论理要精辟详尽，论事要切中事理，论人须带二三分厚道。如果说中了他的要害，他必定会难堪，因而君子不必完全把内情揭穿，不必尽数别人的过错。这样做不只是避免灾祸，也给别人留一些掩饰的余地，触发他悔改的念头，保留一些做人的体面，这也是天地涵养万物的气量。

　　　　"父母在难，盗能为我救之，感乎？"曰："此不世之恩也，何可以弗感？""设当用人之权，此人求用，可荐之乎？"曰："何可荐也？天命有德，帝王之公典也，我何敢以私恩奸之？""设当理刑之职，此人在狱，可纵之乎？"曰："何可纵也？天讨有罪，天下之公法也，我何敢以私恩骫之①。"
曰："何以报之？"曰："用吾身时，为之死可也；
用吾家时，为之破可也；其他患难，与之共可也。"

【注释】

①骫（wěi）：枉曲。

【译文】

"父母在危难之中，强盗帮我把他们解救出来，我应该感谢他吗？"回答："这是世上罕见的大恩，怎么能不感谢呢？""如果有了用人的权力，强盗请求任用，可以推荐他吗？"回答："怎么可以推荐呢！要任用有德的人，这是帝王的重典，我怎敢以私恩来破坏呢？""假如你担当管理监狱的职务，强盗关在狱中，可以放了他吗？"回答："怎么可以放了他！讨伐有罪的人，这是天下的公法，我怎敢以私恩来破坏呢？""那用什么方法来报答他呢？"回答："如果用得着我的身体，为他去死也是可以的；如果需要我的家产，为他破产也是可以的；其他的患难，则是可以共同担当的。"

成心者，见成之心也。圣人胸中洞然清虚，无个见成念头，故曰绝四①。今人应事宰物都是成心，纵使聪明照得破，毕竟是意见障。

【注释】

①绝四：语出《论语·子罕》："子绝四：毋意，毋必，毋固，毋我。"绝是无的意思。意，私意。必，期必。固，顽固。

【译文】

成心就是现成的念头。圣人胸中毫无杂念，所以说绝四：

不凭空猜测，不绝对肯定，不固执拘泥，不自以为是。现在的人处理事情都是运用现成的一套，即使聪明有洞察力，现成的念头也会成为障碍。

凡听言，要先知言者人品，又要知言者意向，又要知言者识见，又要知言者气质，则听不爽矣。

【译文】

当听别人说话的时候，要知道说话人的人品，要知道他的意向，还要知道他的见识和涵养，这样就不会有差错了。

不须犯一口说，不须着一意念，只恁真真诚诚行将去，久则有不言之信，默成之孚①。薰之善良，遍为尔德者矣。碱蓬生于碱地，燃之可碱；盐蓬生于盐地，燃之可盐。

【注释】

①孚：信服。

【译文】

不必说一句话，不必有任何念头，只要真真诚诚做事，时间长了，人自有不言之信，为众人所信服，用善良的美德来熏陶别人，人们就会普遍具有善良的美德。碱蓬生在碱地，燃烧就会生出碱；盐蓬生在盐地，燃烧就会生出盐，就是这个道理。

世人相与，非面上则口中也。人之心固不能掩于面与口，而不可测者，则不尽于面与口也。

故惟人心最可畏，人心最不可知，此天下之陷阱，而古今生死之衢也。予有一拙法，推之以至诚，施之以至厚，持之以至慎，远是非，让利名，处后下，则夷狄鸟兽可骨肉而腹心矣。将令深者且倾心，险者且化德，而何陷阱之予及哉？不然，必予道之未尽也。

【译文】

世人相交，不是表现在脸上，就是表现在语言上。人的内心固然不能被表情和语言所掩盖，但深不可测的不只是表情和语言就能完全表现出来的！所以说只有人心最可怕，人心最不可知，它是陷阱，是古往今来的生死大道。我有一个笨方法：用至诚之心待人，用至厚之情待人，用谨慎的态度待人，远离是非之地，谦让名声利益，乐居人后，甘处下风，这样即使少数民族和鸟兽也会成为自己的亲人或心腹。能够使那些城府深的人倾心相处，让那些邪恶的人被道德感化，还有什么陷阱能让我陷入呢？如果做不到这些，那是我做得还不够好的缘故。

君子与小人共事必败，君子与君子共事亦未必无败，何者？意见不同也。今有仁者、义者、礼者、智者、信者五人焉，而共一事，五相济则事无不成，五有主则事无不败。仁者欲宽，义者欲严，智者欲巧，信者欲实，礼者欲文，事胡以成？此无他，自是之心胜而相持之势均也。历观往事，每有以意见相争至亡人国家，酿成祸变而不顾，君子之罪大矣哉。然则何如？曰：势不可均,势均则不相下,势均则无忌惮而行其胸臆。三军之事,卒伍献计,偏裨谋事,主将断一,何意见之敢争?然则善天下之事亦在乎通者当权而已。

【译文】

君子与小人共事一定会失败,但君子与君子共事也不一定成功,为什么呢?意见不同。现在有仁者、义者、礼者、智者、信者五人共做一件事,如果五个人能够相互帮助,则事情一定成功,如果五个人都争着自己做主,则一定失败。仁者要宽,义者要严,智者要巧,信者要实,礼者要文,事情怎能成功?没有别的原因,只是好胜心切且势均力敌。纵览历史,经常有因为意见相左以致国家灭亡而不顾的,造成这样结局的君子,他们的罪孽就大了。既然这样,那么应该怎么办呢?回答:势力不可均衡,势均则不相上下,就会肆无忌惮地按自己的意图做事情。军队中,士兵献计献策,偏将副将谋划策略,主将最后作出决断,哪有意见之争呢?然而要把天下事办好,在于掌权者是通达的人。

万弊都有个由来,只救枝叶,成得甚事?

【译文】

各种弊端的产生都有它的原因,如果只在细枝末节上下工夫,那能做成什么事呢?

处天下事,只消得"安详"二字,虽兵贵神速,也须从此二字做出。然安详非迟缓之谓也,从容详审，养奋发于凝定之中耳。是故不闲则不忙，不逸则不劳。若先怠缓则后必急躁，是事之殃也。十行九悔，岂得谓之安详？

【译文】

处理天下事，只需要"安详"二字，即使兵贵神速，也要从这二字做起。但安详并不是迟缓，而是从容不迫，在凝定之中厚积薄发。因此没有安闲就没有忙碌，没有安逸也就没有劳累。如果开始松懈则以后必定急躁冒进，这是事情的祸端。做十件事要后悔九件事，怎么能称之为安详？

果决人似忙，心中常有余闲；因循人似闲，心中常有余累。君子应事接物，常赢得心中有从容闲暇时便好。若应酬时劳扰，不应酬时牵挂，极是吃累底。

【译文】

果断的人看起来忙碌，实际上内心却有余暇和空闲。迟延拖拉的人看起来悠闲，实际上却很劳累。君子待人处事，能做到胸中从容闲暇就好，否则就会吃苦受累。如果应酬时疲劳不堪，不应酬时又牵挂不已，是非常累的。

无用之朴，君子不贵。虽不事机械变诈，至于德、慧、术、智，亦不可无。

【译文】

无用的朴实厚道，君子不以为贵。虽然君子不用奸诈的手段，但说到道德、聪慧、权术、智谋，一样也不可缺少。

人情不便处便要回避，彼虽难于言而心厌苦之，此慧者之所必觉也。是以君子体悉人情。悉者，委曲周至之谓也。恤其私，济其愿，成其名，泯其迹，体悉之至也，感人伦于心骨矣。故察言观色者，学之粗也；达情会意者，学之精也。

【译文】

人情有不方便的时候就要回避，对方虽不便说出口，但是心中确实十分烦恼，聪明的人一下子就可以觉察出来。因此君子要体悉人情。悉，就是委曲求周全的意思。体恤他的不便，帮助他实现心愿，使其成名，不留痕迹，这就是到达极点了，能让人刻骨铭心地感动了。所以察言观色是粗等的学问，达情会意才是精深的学问。

临义莫计利害，论人莫计成败。

【译文】

大义面前，不要计较个人的利害得失；评论一个人，不要凭借他的成功与失败。

轻信骤发，听言之大戒也。

【译文】

轻信别人而立刻表示态度，是听者的大戒。

君子与人共事,当公人己而不私。苟事之成,不必功之出自我也;不幸而败,不必咎之归诸人也。

【译文】
君子与他人一起共事时,应公正对待自己和他人而不应有私心。如果事情办成了,不要把功劳归于自己;如果不幸失败了,也不要把责任推给他人。

不为外撼,不以物移,而后可以任天下之大事。彼悦之则悦,怒之则怒,浅衷狭量,粗心浮气,妇人孺子能笑之,而欲有所树立,难矣。何也?其所以持用者无具也。

【译文】
不因外界的影响而动摇心志,不为外物的诱惑而改变节操,这才可以担当天下的大任,干一番大的事业。见到别人高兴就高兴,见到别人发怒就发怒,内心浅薄,气量狭窄,粗心随意,心浮气躁,妇女小孩都会嘲笑他,这种人要想在事业上有所建树是很难的。为什么呢?因为他们不具备干大事业的素质。

水之流行也,碍于刚则求通于柔;智者之于事也,碍于此则求通于彼。执碍以求通,则愚之甚也,徒劳而事不济。

【译文】

　　水在流动时,有硬物阻挡则绕道而行;聪明的人做事,此处有障碍就从别处下手。固执地在有障碍的地方寻求通达,是十分愚蠢的,白费工夫又难以成事。

　　计天下大事,只在要紧处一着留心用力,别个都顾不得。譬之弈棋,只在输赢上留心,一马一卒之失,浑不放在心下。若观者以此预计其高低,弈者以此预乱其心目,便不济事。况善筹者以与为取,以丧为得;善弈者饵之使吞,诱之使进,此岂寻常识见所能策哉!乃见其小失而遽沮挠之,摈斥之,英雄豪杰可为窃笑矣,可为恸惋矣。

【译文】

　　考虑天下大事,只需要在要紧处用心思、花气力,别的都不要管。比如下棋,只在输赢上下工夫,对一马一卒之失,不要放在心上。如果观棋的人以一马一卒的损失来判断弈棋水平之高下,下棋的人因此被扰乱心目,便不会赢。况且善于筹划的人把给予当获取,把丧失当得到。善于下棋的人下诱饵等对方上钩,引诱对方前进,这怎么是有寻常见识的人可以策划得了的呢!由此可见,如果遭到小的失败就马上止步不前,甚至放弃,英雄豪杰就会因此私下嘲笑,为之哀痛惋惜呀!

　　夫势,智者之所藉以成功,愚者之所逆以取败者也。夫势之盛也,天地圣人不能裁;势之衰也,天地圣人不能振,亦因之而已。因之中寓处之权,此善用势者也,乃所以裁之振之也。

【译文】

势,智者凭借它成功,而愚者违背它遭到失败。势盛的时候,天地圣人不能节制;势衰的时候,天地圣人不能帮助振作,只能顺应它罢了。在顺应之中加上自己的权变,这就是善于用势的人,也是对势的节制和振作。

字经三书,未可遽真也;
言传三口,未可遽信也。

【译文】

一个字抄写三次,不能认为是真迹;一句话通过三个人的转述,也不能轻易地相信是真的。

君子之处事有真见矣,不遽行也,又验众见,察众情,协诸理而协,协诸众情,众见而协,则断以必行。果理当然,而众情、众见之不协也,又委曲以行吾理。既不贬理,又不骇人,此之谓理术。噫!惟圣人者能之,猎较之类是也。

【注释】

①猎较:古代风俗,打猎时争夺猎物,用所猎得之物进行祭祀。

【译文】

君子处理事情时即使有真知灼见,也不会立即去做,要看众人的意见，体察众人的情绪，理顺各种事理，理顺众人的情绪和见解，然后才会决定是否付诸实际行动。果真是理应去做的，但众人的情绪和见解还没有协调好，就要委婉地按照自己认定的道理去做，这样既不违背常理，又不使人们感到惊讶，这就叫作理术。噫！只有圣人才能这样，道理与打猎大体类同。

实处着脚，稳处下手。

【译文】

在坚实的地方立足，在稳当的地方行动。

姑息依恋，是处人大病痛，当义处，虽处骨肉亦要果断。鲁莽径直，是处事大病痛，当紧要处，虽细微亦要检点。

【译文】

无原则地宽容和恋恋不舍，是与人相处时的大缺点，在大义面前，即使面对骨肉亲情也要果断行事。鲁莽轻率、直来直去，是处理事情的大缺点，在紧要关头，即使是很细小的事也要仔细检查。

正直之人能任天下之事，其才、其守，小事自可见。若说小事且放过，大事到手才见担当，这便是饰说，到大事定然也放过了。松柏生小便直，未有始曲而终直者也。若用权变时另有较量，又是一副当说话。

【译文】

　　正直的人能担当天下的大事。他的才能、操守在小事上就会表现出来。如果说小事暂且放过，面临大事时才见胆识，这便是文过饰非的话，这样的人遇到大事时必然也承担不了。松柏还是小树时就是直的，没有开始弯曲而最终挺直的。如果是运用权变之术，那得用别的标准来衡量，这就另当别论了。

　　悔前莫如慎始，悔后莫如改图，徒悔无益也。

【译文】

　　与其对前面所做的事后悔，不如在开始做的时候就采取慎重态度；与其事后后悔，不如改变做法以求进展。仅仅是后悔什么用处也没有。

　　事出于意外，虽智者亦穷，不可以苛责也。

【译文】

　　事出意料之外，即使是聪明人也无能为力，所以不能苛求责怪。

　　当事有四要：际畔要果决，怕是绵；执持要坚耐，怕是脆；机括要深沉，怕是浅；应变要机警，怕是迟。

【译文】

　　做事有四个要点应注意：关键时要果断，最怕优柔寡断；

执行的时候要坚忍不拔,最怕半途而废;谋划的时候要深沉,最怕肤浅;应变的时候要机警,最怕迟缓。

朝三暮四,用术者诚诈矣。人情之极致,有以朝三暮四为便者①,有以朝四暮三为便者,要在当其所急。猿非愚,其中必有所当也。

【注释】

①朝三暮四:典出《庄子·齐物论》:"狙公赋芧,曰:'朝三而暮四。'众狙皆怒。曰:'然则朝四而暮三。'众狙皆悦。"芧,橡子。狙,猴子。

【译文】

朝三暮四,是善用权术的人常用之法。人们的想法各不相同,有以早晨得到三个,晚上得到四个而满足的;有以早晨得到四个,晚上得到三个而满足的,关键要看当时的需要。猿猴不愚蠢,这么做必定有其中的道理。

天下之事,在意外者常多,众人见得眼前无事都放下心。明哲之士只在意外做工夫,故每万全而无后忧。

【译文】

天下之事出于意料之外的很多,普通人看到眼前无事就放心了。而明智的人却注重在防止意外上下工夫,所以他们做事常常万无一失而没有后顾之忧。

有一介必吝者,有千金可轻者,而世之论取

与，动曰所值几何，此乱语耳。

【译文】

有时候一文钱也必须吝惜，有时候千金巨财也可以轻看，而世人评论行事，仅从值多少钱考虑，这真是一派胡言。

才犹兵也，用之伐罪吊民则为仁义之师，用之暴寡凌弱则为劫夺之盗。是故君子非无才之患，患不善用才耳。故惟有德者能用才。

【译文】

运用才能如同用兵一样，用它来吊民伐罪，就是仁义之师；用它来欺寡凌弱，就是强盗。因此，君子不怕没有才能，而是怕不善于使用才能。只有品德高尚的人才善于使用才能。

天下事要乘势待时，譬之决痈，待其将溃，则病者不苦而痈自愈。若虺蝮毒人，虽即砭手断臂，犹迟也。

【注释】

①虺蝮：传说中的一种毒蛇。

【译文】

天下之事要因势利导、待机而行，犹如割开脓疮一样，一定要等到它将要溃烂时才可动手。这时病人没有痛苦，而脓疮也会自然痊愈。如果是毒蛇伤人，即使当时砍断手臂也为时已晚了。

誉既汝归，毁将安辞？
利既汝归，害将安辞？
功既汝归，罪将安辞？

【译文】

荣誉既然被你得到了，哪能躲避诋毁？利益既然被你得到了，哪能躲避危害？功勋既然被你得到了，哪能避免指责？

仕途上只应酬，无益人事，工夫占了八分，更有甚精力时候修正经职业？我尝自喜行三种方便，甚于彼我有益。不面谒人，省其疲于应接；不轻寄书，省其困于裁答；不乞求人看顾，省其难于区处。

【译文】

在官场上一味应酬，对处理人事没有好处，这上面费了八分工夫，哪里还有精力和时间去做正经事？我曾经喜欢三种方法，对人对我都有益。一是不去拜访人，省得别人疲于应对；二是不轻易写书信，省得对方为回信的事困扰；三是不乞求别人照顾，省得别人难以处理。

君子之处事也，要我就事，不令事就我。其长民也，要我就民，不令民就我。

【译文】

君子做事，要主动找事情，不要等事情找我。君子管理百姓，要主动接近百姓，不要等百姓来接近我。

　　无谓人唯唯，遂以为是我也；
　　无谓人默默，遂以为服我也；
　　无谓人煦煦，遂以为爱我也；
　　无谓人卑卑，遂以为恭我也。

【译文】
　　不要以为别人对我唯唯诺诺，就是肯定我；不要以为别人默默无语，就是服气我；不要以为别人对我很客气，就是爱护我；不要以为别人对我谦卑，就是尊敬我。

　　事到手，且莫急，便要缓缓想；想得时，切莫缓，便要急急行。

【译文】
　　事情刚接手时暂且不要急于下手，而要慢慢想如何去做；想通后千万不要拖延，要立即着手去做。

　　义所当为，力所能为，必欲有为，而亲友挽得回，妻孥劝得止，只是无志。

【译文】
　　从道义上讲应做，从能力上看能够做，从内心里也想做，可是却被亲友、妻子儿女劝阻而放弃，这就是没志气。

　　祸莫大于不仇人而有仇人之辞色，

耻莫大于不恩人而诈恩人之状态。

【译文】

　　灾祸，没有比不是仇人却表现出仇恨的颜色和话语更大的了；耻辱，没有比对人无恩却要装作是恩人的样子更大的了。

　　余少时，曾泄当密之语，先君责之，对曰："已戒闻者，使勿泄矣。"先君曰："子不能必子之口，而能必人之口乎？且戒人与戒己孰难？小子慎之。"

【译文】

　　我小时候曾经把不该说的事告诉了别人，先父责怪我，我对他说："我已经告诫那个人不要说出去了。"先父说："你连自己的嘴都管不住，又怎么能管住别人的嘴呢？况且管住自己的嘴与管住别人的嘴，哪一个更难呢？你以后千万要慎重啊！"

　　固可使之愧也，乃使之怨；固可使之悔也，乃使之怒；固可使之感也，乃使之恨。晓人当如是耶？

【译文】

　　本来可以使他惭愧，却招致抱怨；本来可以使他悔过，却招致愤怒；本来可以使他感动，却招致怨恨。明白的人能把事情办成这样吗？

吃这一箸饭是何人种获底？穿这一匹帛是何人织染底？大厦高堂如何该我住居？安车驷马如何该我乘坐？获饱暖之体，思作者之劳；享尊荣之乐，思供者之苦，此士大夫日夜不可忘情者也，不然，其负斯世斯民多矣。

【译文】

我吃的饭是什么人种植收获的？我穿的衣帛是什么人纺织印染的？大厦高堂怎么轮到我居住？舒适的马车怎么该给我乘坐？获得饱暖的生活，应该想到劳动者的劳动；享受尊荣的快乐，应该想到供应者的辛苦，这是士大夫任何时候都不能忘记的，不然的话，就有负社会、百姓太多了。

明义理易，识时势难。明义理，腐儒可能；识时势，非通儒不能也。识时易，识势难。识时，见者可能；识势，非早见者不能也。识势而早图之，自不至于极重，何时之足忧？

【译文】

明白义理容易，看破时势困难。明白义理，迂腐儒士也可能做到；看破时势，不是通儒不能做到。识时易，识势难。识时机，看到的人都可能做到；识大势，不是有预见的人是不能做到的。识破时势而早做打算，事情就不会发展到无法收拾的地步，之后还有什么可忧虑的呢？

恩莫到无以加处，情薄易厚，爱重成隙。

【译文】

施恩千万不要到无以复加的地步,感情淡薄时还容易使感情变得深厚,而恩爱过重了就会产生嫌隙。

相嫌之敬慎,不若相忘之怒詈①。

【注释】

①詈(lì):骂。

【译文】

两个相互嫌弃的人之间所谓的尊敬与谨慎,还不如两个相互遗忘的人之间的愤怒和责骂。

养　生

以肥甘爱儿女而不思其伤身,以姑息爱儿女而不恤其败德,甚至病以死,犯大辟而不知悔者,皆妇人之仁也。噫!举世之自爱而陷于自杀者,又十人而九矣。

【译文】

拿美味的食品让儿女吃而想不到会伤害他们的身体,姑息溺爱儿女而不怕他们品德败坏,甚至(导致儿女)生病而死,犯下杀头的大罪而不知悔恨,这都是妇人之仁。唉!举世之人因过分自爱而陷于自杀的,十人中有九人啊!

今之养生者,饵药、服气、避险、辞难,慎时、寡欲,诚要法也。嵇康善养生①,而其死也,却在所虑之外，乃知养德尤养生之第一要也。德在我而蹈白刃以死，何害其为养生哉？

【注释】

①嵇康：三国时魏末文学家，思想家，"竹林七贤"之一，讲究养生服食之道，后被司马昭所杀，卒年四十。

【译文】

现在养生的人，服药、练气、逃避危险、躲开危难，慎时、寡欲，这些确实是重要的方法。不过，嵇康是善于养生的人，但他的死却在他所顾虑的范围之外。由此可知养德是养生中第一重要的。如果我有很高的品德，即使被刀剑所杀（也是死得其所），怎能说没有养生呢？

饥寒痛痒，此我独觉，虽父母不之觉也；衰老病死，此我独当，虽妻子不能代也。自爱自全之道不自留心，将谁赖哉？

【译文】

饥寒痛痒，这只有自己才能感觉到，即使父母也不能察觉；衰老病死，只有自己担当，即使妻子儿女也不能代替。自爱自全的方法，如果自己不留心，将依赖什么人呢？

呻吟语

卷四 外篇 御集

天　地

浑厚，天之道也，是故处万物而忘言。然不能无日月星辰以昭示之，是寓精明于浑厚之中。

【译文】

浑厚是天的根本。因此，天使万物运作而不说话。然而，不能没有日月星辰把天道昭示出来，这就是所谓寓精明于浑厚之中。

天地之气化，生于不齐，而死于齐。故万物参差，万事杂糅，势固然耳，天地亦主张不得。

【译文】

由于天地间气的变化，万物产生时是参差不齐的，而最后则同归于死亡。所以，万物有长短大小的差别，万事错综交织，是由于势的缘故，天地也不能自作主张。

观七十二候者①，谓物知时，非也，乃时变物耳。

【注释】

①七十二候：古时以五日为一候，月为六候，三候为一节气，一年二十四节气，共七十二候。

【译文】

观察七十二节候的变化，认为万物能感知时节的变化，这是不对的,而是时节变化能改变物的状态。

气化无一息之停,不属进就属退。动植之物,其气机亦无一息之停,不属生就属死,再无不进不退而止之理。

【译文】
气的变化没有一时一刻的停息,不进就退。动物、植物的气息生机的变化也没有一时一刻的停息,不是生就是死,绝不会有不进不退而停止的道理。

万物生于阴阳,死于阴阳。阴阳于万物原不相干,任其自然而已。雨非欲润物,旱非欲熯物,风非欲挠物,雷非欲震物。阴阳任其气之自然,而万物因之以生死耳。《易》称"鼓之以雷霆,润之以风雨"①,另是一种道理。不然,是天地有心而成化也。若有心成化,则寒暑灾祥得其正,乃见天心矣。

【注释】
① 鼓之以雷霆,润之以风雨:语出《周易·系辞上》。

【译文】
万物生于阴阳,死于阴阳。阴阳与万物原不相干,任其自然发展罢了。下雨不是为了滋润万物,干旱不是为了烤干万物,刮风不是为了吹动万物,打雷不是为了震荡万物。阴阳任其气注于自然万物中,而万物凭借阴阳生死。《易》说"鼓之以雷霆,润之以风雨",另是一种道理。不然的话,就成了天地有意识造万物了。如果是有意识所为,那么寒暑灾祥就该正当其时,这才能看出上天是有意而为。实际上并非如此。

　　盛德莫如地,万物于地,恶道无以加矣。听其所为而莫之憾也,负荷生成而莫之厌也。故君子"卑法地",乐莫大焉。

【译文】

　　没有比地的德性更为宽厚广大的了,万物对土地犯下的罪恶无以复加,但土地听任万物自由生长而不怨恨它们,载负着万物任它们壮大而不厌烦它们。因此君子应该谦卑地效法地的盛德,其中的乐趣是无可比拟的。

　　心就是天,欺心便是欺天,事心便是事天,更不须向苍苍上面讨。

【译文】

　　人心就是天,欺骗自己的心就是欺骗天,忠于自己的心做事就是忠于天意,根本不需要向上苍去寻找什么。

　　天欲大小人之恶,必使其恶常得志。彼小人者,惟恐其恶之不遂也,故贪天祸以至于亡。

【注释】

　　①大:增加。

【译文】

　　上天要想增加小人的恶,必然使他的恶行常常得逞。那小人又唯恐他的恶行不能顺遂,所以就会得到上天降下的灾祸以至于灭亡。

天地之于万物,因之而已矣,分毫不与焉。

【译文】

天地对于万物,只是顺其自然,没有丝毫的参与其中。

世　运

势之所在,天地圣人不能违也。势来时,即摧之,未必遽坏;势去时,即挽之,未必能回。然而圣人每与势忤,而不肯甘心从之者,人事宜然也。

【译文】

大势所趋,天地和圣人也不能违背。势来的时候即使去摧毁它,也未必能立刻将它毁坏;势去的时候即使想挽回它,也未必能挽回。然而圣人经常与势相对抗而不肯甘心顺从,是因为圣人认为他应当尽个人的努力。

三皇是道德世界①,五帝是仁义世界②,三王是礼义世界③,春秋是威力世界,战国是智巧世界,汉以后是势利世界。

【注释】

①三皇:《尚书·序》以伏羲、神农、黄帝为三皇。

②五帝：《尚书·序》以少昊、颛顼、帝喾、尧、舜为五帝。

③三王：指夏、商、周三朝。

【译文】

三皇时代是道德世界，五帝时代是仁义世界，夏商周是礼义世界，春秋时期是武力争霸的世界，战国时期是比拼智慧机巧的世界，汉代以后是势利权衡的世界。

士鲜衣美食、浮谈怪说、玩日愒时，而以农工为村鄙；女傅粉簪花、冶容学态、袖手乐游，而以勤俭为羞辱；官盛从丰供、繁文缛节、奔逐世态，而以教养为迂腐，世道可为伤心矣。

【译文】

士大夫穿着漂亮的衣服、吃着精美的食物、浮怪谈说、日日游玩、荒废时光，却把务农做工看作是乡村的鄙陋之事；女子傅粉簪花、冶容学态、袖手乐游，却以勤劳节俭为羞耻；做官则是随从众多，供养丰盛、繁文缛节、奔逐世态，却以世风教化、休养生息为迂腐。如此世道，真是令人伤心呀！

天下之势，顿可为也，渐不可为也。顿之来也骤，骤多无根；渐之来也深，深则难撼。顿着力在终，渐着力在始。

【译文】

天下的形势，突然发生的问题，可以想法挽救；如果是渐渐产生的，就没法挽救。突然发生的问题来得快，来得快的大多没有太深的根底；逐渐来的问题根底深厚，根底深厚的就难以动摇。对待突然发生的事情，处理时在结果上用力；对逐渐加深的问题，在开始时就要用力处理。

造物有涯而人情无涯，以有涯足无涯，势必争，故人人知足则天下有余。造物有定而人心无定，以无定撼有定，势必败，故人人安分则天下无事。

【译文】
　　世上的创造之物有限度，而人的欲求没有限度，以有限的创造之物来满足人无止境的欲求，那一定会出现争夺。所以只有人人知足，天下才会有余。造物有定数而人心无定，以无定的人心来摇撼有定的造物，那必定会出现问题。所以只有人人安分，天下才会无事。

圣　　贤

　　孔、颜穷居①，不害其为仁覆天下，何则？仁覆天下之具在我，而仁覆天下之心未尝一日忘也。

【注释】
　　①孔、颜：孔子、颜回。
【译文】
　　孔子、颜回一生穷困，但并不因此而妨碍他们给天下施行仁爱，为什么能这样呢？因为他们有施行仁爱的本领，而且没有一天忘了施行仁爱于天下之心。

尧、舜功业如此之大,道德如此之全,孔子称赞不绝口出。在尧、舜心上有多少缺然不满足处。道原体不尽,心原趁不满,势分不可强,力量不可勉,圣人怎放得下?是以圣人身囿于势分力量之中,心长于势分力量之外,才觉足了,便不是尧、舜。

【译文】

尧、舜的功业如此之大,道德如此之全,孔子对他们的称赞不绝于口。但是在尧、舜心中,还有不少自己不满意之处。道,原本是体会不尽的;心,原本是不会满足的。有时形势不允许,有时是力量做不到,圣人怎能完全满足呢?因此圣人的身体被势分力量所限制,心却超出势分力量之外。一旦觉得满足,便不是尧、舜了。

浩然之气,孔子非无,但用底妙耳。孟子一生受用全是这两字。我尝云:"孟子是浩然之气,孔子是浑然之气。浑然是浩然底归宿,浩然是浑然底作用。惜也!孟子未能到浑然耳。"

【译文】

孔子不是没有浩然之气,只是运用得巧妙而已。孟子一生受用无穷的就是"浩然"这两个字。我曾说:"孟子是浩然之气,孔子是浑然之气。浑然是浩然的归宿,浩然是浑然的表现形式。可惜的是,孟子一生最终也未能达到浑然的地步。"

圣人妙处在转移人不觉；贤者以下便露圭角，费声色做出来，只见张皇。

【译文】

圣人的妙处在于能在不知不觉中改变人；贤者以下的人往往露出锋芒，费尽声色做出来，却显得张皇失措。

平生不作圆软态，此是丈夫。能软而不失刚方之气，此是大丈夫。圣贤之所以分也。

【译文】

平生没有圆滑、软弱之态，这就是男子汉。能柔软而又不失刚强方正之气，这才是大丈夫。圣人和贤人的区别也就在这里了。

圣人有功于天地，只是"人事"二字。其尽人事也，不言天命，非不知回天无力，人事当然，成败不暇计也。

【译文】

之所以说圣人有功于天地，就在于他们尽了人事。他们尽人事时不谈天命，并不是不知道回天无力，而是人事方面应当如此，至于成败得失是无暇顾及的。

万物之情，各求自遂者也；惟圣人之心，则欲遂万物而忘自遂。

【译文】

万物的本性,都是各自追求满足自己的欲求;唯有圣人之心,只想满足万物的欲求而忘却满足自己。

圣人不强人以太难,只是拨转他一点自然底肯心。

【译文】

圣人不强人所难,只是点拨他一点肯自己努力的进取心。

日之于万形也,鉴之于万象也,风之于万籁也,尺度权衡之于轻重长短也,圣人之于万事万物也,因其本然,付以自然,分毫我无所与焉,然后感者常平,应者常逸。喜亦天,怒亦天,而吾心之天如故也。万感劻勷①,众动轇轕②,而吾心之天如故也。

【注释】

①劻勷(kuāng ráng):急迫不安貌。

②轇轕(jiāo gé):纵横交错貌。

【译文】

日光对于万种形体,镜子对于万种景象,风对于万种声音,尺度权衡对于轻重长短,圣人对于万事万物,只是顺着它们的本性,交付于自然,分毫不予干涉。然后感受到的人觉得平静,相应的人觉得安闲,喜悦也自然,发怒也自然,而我心中的自然依然如故。万种事物因受到感动而急迫不安,万众躁动而矛盾纵横交错,使我心之自然依然如故。

平生无一事可瞒人，此是大快乐。

【译文】

一生没有一件事欺瞒别人，这便是一大快乐。

圣人不必天而必我，我之天定，而天之天随之。

【译文】

圣人不信天而相信自己，我的所作所为得到天的肯定，天也就遂我的意愿了。

圣人因蛛而知罟网，非蛛学圣人而作网罟也；因蝇而悟作绳，非蝇学圣人交足也。物者，天能；圣人者，人能。

【译文】

圣人看到蜘蛛而知道结网，但蜘蛛并不是学习圣人而结网的；看到蝇子而顿悟编绳，但蝇子并不是学习圣人才交足作绳。动物的本领是上天赐予的，圣人是通过修养达到的境界。

品　藻

一种人难悦亦难事，只是度量褊狭，不失为君子；一种人易事亦易悦，这是贪污软弱，不失为小人。

【译文】

有一种人难以使他高兴,也难以同他共事,他只是心胸狭小,可也不失为君子;有一种人容易共事,也容易使他高兴,但贪婪软弱,这种人仍然是小人。

　　为小人所荐者,辱也;
　　为君子所弃者,耻也。

【译文】

被小人所推崇是一种耻辱,被君子所摒弃也是一种耻辱。

　　富于道德者不矜事功,犹矜事功,道德不足也;富于心得者不矜闻见,犹矜闻见,心得不足也。文艺自多,浮薄之心也;富贵自雄,卑陋之见也。此二人者,皆可怜也,而雄富贵者更不数于丈夫行。彼其冬烘盛大之态,皆君子之所欲呕者也,而彼且志骄意得,可鄙孰甚焉!

【译文】

有道德的人不夸耀自己的事功,仍然夸耀事功的,说明他的道德修养还不够;有见识的人不夸耀自己的见闻广,仍然夸耀自己见闻广的,是见识不足的缘故。因为有写作的才能而自负,这是轻浮浅薄之心;因为有钱有势就傲视他人,这是卑下浅陋之见。这两种人都是可怜虫,而那种因为富贵而不可一世的人尤其不能列于大丈夫之列。他们那种酸腐自大之态,都是君子看了要呕吐的,而他们还骄傲不已、得意洋洋,还有比这更可鄙的人吗?

圈子里干实事，贤者可能。圈子外干大事，非豪杰不能。或曰："圈子外可干乎？"曰："世俗所谓圈子外，乃圣贤所谓性分内也。人守一官，官求一称，内外皆若人焉，天下可庶几矣，所谓圈子内干实事者也。心切忧世，志在匡时，苟利天下，文法所不能拘；苟计成功，形迹所不必避，则圈子外干大事者也。识高千古，虑周六合，挽末世之颓风，还先王之雅道，使海内复尝秦、汉以前之滋味，则又圈子以上人矣。世有斯人乎？吾将与之共流涕矣。乃若硁硁狃众见，惴惴循弊规，威仪文辞灿然可观，勤慎谦默居然寡过。是人也，但可为高官耳，世道奚赖焉？"

【译文】

在世俗允许的圈子里能干实事的人，是贤人。在超越世俗允许的圈子外能干大事的，则非豪杰莫属。有人问："圈外可以干大事吗？"回答："世俗所谓圈子外就是圣贤所谓的分内。一个人担当了一定的官职，能够做到尽忠职守，朝廷内外都是这样的人，天下就差不多能治理好了，这就是所谓的圈子内干实事的人。内心深切地为世人忧虑，志在匡救时弊，如果对天下人有利，即使法令条文也不能拘束他；如果为了成功，即使有嫌疑也不避讳，这就是圈子外干大事的人。识高千古，虑周六合，挽救末世的颓风，回归先王的正道，使海内人都能体会到秦、汉以前世道的滋味，这又是圈子以上的人了。世上还有这样的人吗？我要和他们一起为现今的世道大声痛哭啊！如果固执地守着众人的见识，小心地遵循陋规，表面看起来威仪文辞，灿然可观，勤慎谦默，居然也可以很少出错。这样的人，只可以做高官,但挽救世道能够依赖他们吗?"

> 达人落叶穷通,浮云生死;
> 高士睥睨古今,玩弄六合;
> 圣人古今一息,万物一身;
> 众人尘弃天真,腥集世味。

【译文】

通达的人把穷困显达看得如同落叶一样,把生死看得如同浮云一样;高士傲视古今,把天地宇宙玩弄于掌中;圣人看待古今如一呼一吸的瞬间,看待万物如同自己的身体;而一般的人抛弃天真的本性,像蝇蚁一样奔趋世俗之腥味。

> 上士重道德,中士重功名,下士重辞章,斗筲之人重富贵。①

【注释】

①斗筲(shāo)之人:指才识平庸、器量狭小的人。《论语·子路》:"子曰:'噫,斗筲之人,何足算也。'"

【译文】

上等的士人看重德行,中等的士人看重功名,下等的士人看重文章,见识短浅、器量狭小的人看重富贵。

> 有涵养人心思极细,虽应仓卒,而胸中依然暇豫,自无粗疏之病。心粗便是学不济处。

【译文】

有涵养的人心思细密，即使事出仓促，但心中依然有闲暇来做准备，自然也没有粗心疏忽的弊病。粗心疏忽就是学问不足的表现。

众恶必察，是仁者之心。不仁者闻人之恶，喜谈乐道。疏薄者闻人之恶，深信不疑。惟仁者知恶名易以污人，而作恶者之好为诬善也。既察为人所恶者何人，又察言者何心，又察致恶者何由，耐心留意，独得其真。果在位也，则信任不疑；果不在位也，则举辟无贰；果为人所中伤也，则扶救必力。呜呼！此道不明久矣。

【译文】

对被众人所憎恶的人一定要予以明察，这就是仁者的用心。不仁的人听到别人的坏话，就喜闻乐道；疏陋浅薄的人听到别人的坏话，就深信不疑。只有仁者知道恶名容易损害人，而作恶的人又喜欢诬蔑好人，所以仁者既要了解为人所憎恶的人到底是什么样的人，又要分析说他坏话的人是何用心，还要调查为什么会让人说他的坏话，通过认真的调查分析最后得出正确结论。被中伤的人如果在官位上，就信任不疑；不在官位上，就竭力举荐；确实是被人中伤的，就努力扶救。唉！众恶必察这个道理已经被遮蔽很久了。

世之颓波，明知其当变，狃于众皆为之而不敢动；事之义举，明知其当为，狃于众皆不为而不敢动，是亦众人而已。提抱之儿得一果饼未敢辄食，母尝之而后入口，彼不知其可食与否也。既知之矣，犹以众人为行止，可愧也夫。惟英雄豪杰不徇习以居非，能违俗而任道，夫是之谓独复①。呜呼！此庸人智巧之士所谓生事而好异者也。

【注释】

①独复：指特立独行而从道者。《周易·象》："'中行独复'，以从道也。"

【译文】

世道衰败，明知当变，却拘泥于众人都是那样做而不敢有所作为；合于道义的事，明知当做，却拘泥于众人都不去做而不敢做，这样的人也只是普通人罢了。抱在怀中的小孩得到一个果饼，不敢马上吃，而是等到母亲尝过之后才敢入口，这是因为他不知道果饼能不能吃。既然已经知道能吃，仍然看着众人的行动决定自己的行动，真让人感到惭愧呀！只有英雄豪杰不因循守旧，宁愿身受非议，能打破世俗承担重任，这叫作特立独行。唉！这就是被庸俗者和智巧者称为爱标新立异的人。

士气不可无，傲气不可有。士气者，明于人己之分，守正而不诡随。傲气者，昧于上下之等，好高而不素位。自处者每以傲人为士气，观人者每以士气为傲人。悲夫！故惟有士气者能谦己下人，彼傲人者昏夜乞哀或不可知矣。

【译文】

　　士气不可无,傲气不可有。士气,就是知道自己和别人的本分不同,坚守正义而不诡随他人。傲气,是不明上下的等级差别,喜欢高位而不愿居于常位。有的人看自己常常以傲视别人为士气,看他人常常把士气当傲人,可悲啊!只有具有士气的人能谦虚地居于人下,傲视别人的人可能会在黑夜乞求别人的哀怜,也未可知。

　　　体解神昏,志消气沮,天下事不是这般人干底。攘臂抵掌,矢志奋心,天下事也不是这般人干底。干天下事者,智深勇沉,神闲气定。有所不言,言必当;有所不为,为必成。不自好而露才,不轻试以幸功。此真才也,世鲜识之。近世惟前二种人乃互相讥,识者哂笑之。

【译文】

　　身体懈怠,精神昏昧,意志消沉,神气沮丧,天下事不是这样的人干的。振臂高呼,摩拳擦掌,矢志不移,情绪激昂,天下事也不是这样的人干的。做天下大事的人,必定智谋深远,勇敢沉着,神态悠闲,志气坚定。他们有些话不一定说,但说了必然恰如其分;有的事不一定做,但做了必然成功。不自以为是显露自己的才华,不为了成功而轻易做事,这才是真正的人才,世人却很少能识别。近世以来只有前两种人互相讥笑,有识之士都觉得他们可笑。

　　　山林处士,常养一个傲慢轻人之象,常积一腹痛愤不平之气,此是大病痛。

【译文】

　　隐居山林不做官的人常给人傲慢、看不起人的样子,并且常常心存不满,愤愤不平。这是他们的一大毛病。

　　　　露才是士君子大病痛,尤莫甚于饰才。露者,不藏其所有者;饰者,虚剽其所无也。

【译文】

　　显露才学是士人君子的大缺点,比粉饰自己的才学更有害。露才的人,是不隐藏自己拥有的才学;饰才的人,是没有才学而把自己粉饰成有才学。

　　　　士有三不顾:行道济时人顾不得爱身,富贵利达人顾不得爱德,全身远害人顾不得爱天下。

【译文】

　　读书人有三不顾:立志行道救世的人不顾自身的安危,追求富贵显赫的人不顾道德品质,只求明哲保身远离祸害的人不顾天下。

　　　　天之生人,虽下愚亦有一窍之明,听其自为用而极致之,亦有可观,而不可谓之才。所谓才者,能为人用,可圆可方,能阴能阳,而不以己用者也。以己用皆偏才也。

【译文】

　　上天所造就的人,即使是最愚笨的也总有一点过人之处。

听凭他自己发挥运用到极致,也会有所作为,但不能称他为人才。所谓人才,是能被别人拿来所用,可圆可方,能阴能阳,但不是为了自己所用。为自己所用的都是偏才。

  知其不可为而遂安之者,达人智士之见也。
  知其不可为而犹极力以图之者,忠臣孝子之心也。

【译文】

  知道事情不能做到而安于现状,这是达人智士的见识。知道事情不能做到而仍极力去做的人,有着忠臣孝子的赤诚之心。

  无识之士有三耻:耻贫、耻贱、耻老。或曰:"君子独无耻与?"曰:"有耻。亲在而贫,耻;用贤之世而贱,耻;年老而德业无闻,耻。"

【译文】

  无见识的人有三耻:以贫为耻、以贱为耻、以老为耻。有人问:"君子难道没有感到羞耻的事情吗?"回答:"有感到可耻的事。父母健在而自己贫穷,这是可耻的;处于用贤任能的世道而地位卑贱,这是可耻的;年老而德业不为人所知,这是可耻的。"

  一个俗念头,一双俗眼目,一口俗话说,任教聪明才辩,可惜错活了一生。

【译文】

　　心中只有庸俗的念头，看人看事用庸俗的眼光，满口庸俗的话语，这样的人即使再聪明再有才能，也是白活了一生。

　　今之论人者，于辞受，不论道义，只以辞为是，故辞宁矫廉而避贪爱之嫌。于取与，不论道义，只以与为是，故与宁伤惠而避吝啬之嫌。于怨怒，不论道义，只以忍为是，故礼虽当校而避无量之嫌。义当明分，人皆病其谀，而以倨傲矜陵为节概。礼当持体，人皆病其倨，而以过礼足恭为盛德。惟俭是取者，不辨礼有当丰；惟默是贵者，不论事有当言。此皆察理不精，贵贤智而忘其过者也。噫！与不及者诚有间矣，其贼道均也。

【译文】

　　现在评论他人的标准，对于推辞或者授受他人馈赠，无论是否合乎道义，只是一味地以推辞为是，害怕落下不廉的名声，宁可矫情也要避贪爱的嫌疑。对于收取和给予，不论是否合乎道义，只认为给予是对的，因此宁肯不恰当地显示大方，也要避免吝啬的嫌疑。对于怨和怒，也不管是否合乎道义，只认为忍就对了，因此按理应该计较的事也不计较，为的是避免没有度量的猜疑。根据道义应该明确本分，人们认为说好话奉承别人是不好的，因此就傲慢自大，夸耀自己的气节。按照礼节应该保持尊严，人们认为傲慢是不好的，结果就以过度的礼节和谦恭为盛德。人们认为只有俭朴是可取的，就不按场合大小办宴会。人们认为只有沉默才是可贵的，就不论有时当讲，有时不当讲。这些都是对于道义不清醒的认识，以贤智可贵，但却超过了应有的界限。唉！超过和不及是有差别的，但对道义的危害都是一样的。

平生无一人称誉，其人可知矣。平生无一人诋毁，其人亦可知矣。大如天，圣如孔子，未尝尽可人意。是人也，无分君子、小人皆感激之，是在天与圣人上，贤耶？不肖耶？我不可知矣。

【译文】
平生没一个人称赞的人，这个人的人品如何可想而知。平生没有一个人诋毁的人，这个人的人品如何也可想而知。大如天，圣明如孔子，也不能尽如人意。而一个人，无论小人、君子都感激他，这个人就在天和圣人之上了，这种人是贤呢？还是不贤呢？我就不知道了。

无心者公，无我者明。当局之君子不如旁观之众人者，有心、有我之故也。

【译文】
没有私心的人公道，心中无我的人清明。身当其事的君子还没有旁观的普通人清明，这是由于有私心、有自我的缘故。

可恨读底是古人书，作底是俗人事。

【译文】
可恨读书人读的是古代圣贤之书，做的却是俗人之事。

越是聪明人越教诲不得。

【译文】

越是聪明的人,越是不容易教导。

盗莫大于瞒心昧己,而窃劫次之。

【译文】

没有比欺骗自己、昧着良心的人更大的强盗了,那些偷窃抢劫的人还是其次的。

乡原是似不是伪,孟子也只定他个"似"字①。今人却把"似"字作"伪"字看,不惟欠确,且未减了他罪。

【注释】

①孟子也只定他个"似"字:《孟子·尽心下》:"万子曰:'一乡皆称原人焉,无所往而不为原人。孔子以为德之贼,何哉?'曰:'非之无举也,刺之无刺也,同乎流俗,合乎污世,居之似忠信,行之似廉洁,众皆悦之,自以为是,而不可与入尧舜之道,故曰德之贼也。'"

【译文】

与流俗合污的乡愿所表现出来的样子与忠厚老实相似,而不是伪装出来的忠厚老实,孟子也只定了他个"似"字,现在的人却把"似"字改为"伪"字,不仅不够准确,而且还减了他的罪。

不当事不知自家不济。才随遇长，识以穷精，坐谈先生，只好说理耳。

【译文】

不遇事不知道自己不行。才能是随着经历的增多而增长的，见识只有深入探讨才能精进。那些坐而论道的先生，只是喜欢说理罢了。

沉溺了，如神附，如鬼迷，全由不得自家，不怕你明见真知，眼见得深渊陡涧，心安意肯底直前撞去。到此翻然跳出，无分毫粘带，非天下第一大勇不能。学者须要知此。

【译文】

沉溺于其中，如同神灵附体，如同鬼迷心窍，完全由不得自己，哪怕你有真知灼见，眼看前面是万丈深渊，却心甘情愿前进。如果到了这种地步，还能摆脱干净，不拖泥带水，非天下第一等的大勇士是不能做到的。学者需要知道这个道理。

巢父、许由，世间要此等人作甚？荷蒉、晨门、长沮、桀溺知世道已不可为①，自有无道则隐一种道理。巢、由一派有许多人皆污浊尧舜，哕吐皋、夔②，自谓旷古高人，而不知不仕无义，洁一身以病天下，吾道之罪人也。且世无巢、许，不害其为唐、虞；无尧、舜、皋、夔，巢、许也没安顿处，谁成就你个高人？

【注释】

①荷蒉、晨门、长沮、桀溺知世道已不可为:荷蒉、晨门、长沮、桀溺皆指春秋时代的隐士。事见《论语·宪问》和《论语·微子》等篇。

②皋、夔:皋即皋陶,相传为舜的大臣,掌刑法。夔,相传为尧舜时的乐官。《尚书·舜典》:"帝曰:'夔,命汝曲乐,教胄子。'"

【译文】

像巢父、许由这样的人,世间要他们做什么用呢?荷蒉、晨门、长沮、桀溺这些人知道世道已不能改变,本身体现了无道则隐的这样一种原则。巢父、许由这一派有许多人认为尧、舜是污浊的,皋陶、夔是肮脏的,自认为自己是旷世高人,而不知道在无义的世道不去做官,只知道洁身自好,这也是儒道的罪人。况且世上没有巢父、许由这样的人并不妨害成就唐虞盛世。如果没有尧、舜、皋陶、夔这样的圣贤来治理天下,巢父、许由连个安身的地方都没有,谁还能使你成就为高人?

而今士大夫聚首时,只问我辈奔奔忙忙、熬熬煎煎,是为天下国家、欲济世安民乎?是为身家妻子、欲位高金多乎?世之治乱,民之死生,国之安危,只于这两个念头定了。嗟夫!吾辈日多而世益苦,吾辈日贵而民日穷,世何贵于有吾辈哉!

【译文】

现在士大夫聚会的时候,只要问问我们自己天天忙忙碌碌碌，到底是为了救国安民呢，还是为了自己的妻子儿女和高官厚禄呢？世道的混乱，民众的生死，国家的安危，就系在这两种不同的念头上。唉！像我们这一类的人越多，世人就越困苦；我们这一类的人越显贵，世人就越贫穷。世人怎么会觉得我们这些人可贵呢？

> 面色不浮，眼光不乱，便知胸中静定，非久养不能。《礼》曰："俨若思，安定辞。"①善形容有道气象矣。

【注释】

①俨若思，安定辞：思考时面容庄重，说话时言语慎重。语出《礼记·曲记上》。

【译文】

面色不浮，眼光不乱，便知胸有成竹，不经过长时间的修养是做不到的。《礼记》说："俨若思，安定辞。"意思是说思考时要面容庄重，说话时要言语慎重。真是善于形容品德高尚之人的神情呀！

> 于天理汲汲者，于人欲必淡；
> 于私事耽耽者，于公务必疏；
> 于虚文烨烨者，于本实必薄。

【译文】

对真理汲汲追求的人，在物欲上必然淡薄；沉迷于私事的人，必然会疏忽公务；在没有意义的礼节上过分夸饰的人，在实在的方面必然浅薄。

有忧世之实心,泫然欲泪;有济世之实才,施处辄宜。斯人也,我愿为曳履执鞭。若聚谈纸上微言,不关国家治忽,争走尘中众辙,不知黎庶死生,即品格有清浊,均于宇宙无补也。

【译文】

有忧国忧民的真心,(谈起时事艰难)不禁潸然泪下;有救世的实才,实施之处都很适宜。这种人,我即使为他提鞋执鞭,也心甘情愿。如果只是聚谈书本上的精深之处,不关心国家的治理与忽急,争步众人的后尘,不顾黎民的死活,这种人不论品格清浊,对世道都于事无补。

小廉曲谨之士,循途守辙之人,当太平时使治一方、理一事,尽能奉职。若定难决疑,应卒蹈险,宁用破绽人,不用寻常人。虽豪悍之魁,任侠之雄,驾御有方,更足以建奇功,成大务。噫!难与曲局者道。

【译文】

在小处廉洁谨慎、循规蹈矩的人,在太平年代让他治理一个地方,处理一件事情,是能够尽忠职守的。如果要是去平定叛乱、解决疑难问题,或是应对突发事件、处理危急局面,宁可用有小毛病的人,也不用这种寻常人。即使是最强横霸道的魁首,即使是狂放豪侠的雄杰,如果驾驭有方,也足以建立奇功,成就大事。唉!这点却难与没有远见、墨守成规的人说。

今之国语乡评，皆绳人以细行。细行一亏，若不可容于清议。至于大节，都脱略废坠，浑不说起。道之不明亦至此乎？可叹也已。

【译文】

现在朝野之中对人的评价，都是苛求其细微小节。小节上有不恰当之处，就好像被社会的舆论所不容。至于大节，即使败坏颓废，也不曾提起。道德不明到了这种地步了吗？真让人可悲可叹呀！

观操存在利害时，观精力在饥疲时，观度量在喜怒时，观存养在纷华时，观镇定在震惊时。

【译文】

在面临利害时可看出一个人的操守，在饥饿疲倦时可看出一个人的精力，在面对喜怒时可看出一个人的度量，在面对世事纷华时可看出一个人的修养，在遇到让人震惊之事时可看出一个人是否镇定。

得人不敢不然之情易，得人自然之情难。秦汉而后，皆得人不敢不然之情者也。

【译文】

得到人不敢不做之类这样勉强的感情容易，得到人发自内心的自然的感情则较困难。自秦汉之后，得到的都是不敢不做之类这样勉强的感情。

而今讲学不为明道，只为角胜，字面词语间，拿住一点半点错，便要连篇累牍辩个足。这是甚么心肠，讲甚学问？

【译文】

　　现在讲学不是为了讲明道理，只是为了争个胜负，在字面和词语之间抓住一点半点错，便要连篇累牍地说个没完。这是什么样的心肠，讲的什么学问？

　　众人但于"义"中寻个"利"字，再没"利"中寻个"义"字。

【译文】

　　众人只是在道义之中寻找利益，却没有从所得利益之中寻到道义。

　　士君子高谈阔论，语细探玄，皆非实际，紧要在适用济事。故今之称拙钝者曰不中用，称昏庸者曰不济事。此虽谚语口头，余尝愧之。同志者盍亦是务乎？秀雅温文，正容谨节，清庙明堂所宜。若蹈汤火，衽金革，食牛吞象之气，填海移山之志，死孝死忠，千捶百折，未可专望之斯人。

【译文】

　　士君子高谈阔论，探微钩玄，都与实际无关，关键在于能成事。因此现在把拙钝的人称作"不中用"，把昏庸的人称作"不济事"。这些虽是口头谚语,但我对此却深感愧疚。大家何不向这方面努力呢?秀雅温文,正容谨节,这类人适合供职于宗庙和宣明政教。若赴汤蹈火,金戈铁马,这样的人即使有吃掉整头牛、吞下整头大象的气魄,有精卫填海、愚公移山那样的志向,为孝而死,尽忠而亡,千锤百炼,百折不挠,也不可以寄希望于他们成就事业。

不做讨便宜底学问,便是真儒。

【译文】

全心全意而不讨任何便宜地做学问,才是真正的儒者。

呻吟语

卷五 外篇 书集

治　道

　　庙堂之上①，以养正气为先；海宇之内，以养元气为本。能使贤人君子无郁心之言，则正气培矣；能使群黎百姓无腹诽之语②，则元气固矣。此万世帝王保天下之要道也。

【注释】

①庙堂：指朝廷。

②腹诽：口不语而心非之。

【译文】

　　君主治理天下，在朝廷上，应该以养正气为先；在民间，应该以养元气为本。若能使贤人君子没有话闷在心里，那么正气就得到培养了。若能使黎民百姓心中没有怨言，元气就得到巩固了。这是历代帝王确保天下太平的首要方法。

　　　　兴利无太急，要左视右盼；
　　　　革弊无太骤，要长虑却顾①。

【注释】

①却顾：反顾。

【译文】

　　兴利不要操之过急，要仔细分析周围的情况；除弊不要进行得太快，要从长计议。

　　　　为政之道，以不扰为安，以不取为与，以不

害为利，以行所无事为兴废起弊。

【译文】

处理政事的原则，应该以不扰民为安民，以不榨取民脂民膏为给予，以不祸害民众为有利的大事，以不劳民伤财为兴利除弊。

从政自有个大体，大体既立，则小节虽有抵牾①，当别作张弛，以辅吾大体之所未备，不可便改弦易辙。譬如待民贵有恩，此大体也。即有顽暴不化者，重刑之，而待民之大体不变。待士有礼，此大体也。即有淫肆不检者，严治之，而待士之大体不变。彼始之宽也，既养士民之恶；终之猛也，概及士民之善②，非政也，不立大体故也。

【注释】

①抵牾：不一致。

②概：关涉。

【译文】

从政要有个大原则，原则既然定了，一些小节即使不一致，可以另当别论，可用来补充原则，但原则不能改变。譬如对待百姓，贵在施恩，这就是原则。即使对那些罪大恶极的人处以重刑，对待百姓的原则也并没有因此而改变。对读书人要尊重，这是原则。即使对那些放肆不检点的读书人严厉制裁，原则也没有因此而改变。如果一开始无原则地宽大，就会纵容士民的陋习；到了最后却实行严刑峻法，危害人们仁善的观念,这不是正确的为政方法,其原因是不能坚持原则。

人情之所易忽,莫如渐;天下之大可畏,莫如渐。渐之始也,虽君子不以为意。有谓其当防者,虽君子亦以为迂。不知其极重不反之势,天地圣人亦无如之奈何,其所由来者渐也。周郑交质①,若出于骤然,天子虽孱懦甚,亦必有恚心。诸侯虽豪横极,岂敢生此念?迨积渐所成,其流不觉至是。故步视千里为远,前步视后步为近。千里者,步步之积也。是以骤者举世所惊,渐者圣人独惧。明以烛之,坚以守之,毫发不以假借②,此慎渐之道也。

【注释】

①周郑交质:指春秋时周王朝和郑国相互以对方太子为人质的事。质,人质。

②假借:宽容。

【译文】

人们最容易忽视的就是"渐",世界上最可怕的也是"渐"。"渐"开始时,即使是君子也不在意,认为防微杜渐是迂腐之见。殊不知等到了积重难返的地步,即使天地圣人也无可奈何。春秋时期周王朝和郑国相互交换人质,如果突然发生,周天子虽然十分懦弱,也当会有羞愧之心;诸侯虽然极端蛮横,怎敢有这种念头!这种形势是渐渐积累成的,不知不觉地到了这种程度。以走路来说,一千里的路程十分遥远,而前步看后步却很接近。千里的路程,是靠一步步走过来的。因此，对突然发生的事，举世皆感震惊；对渐渐形成的事，只有圣人才会担忧害怕。对累渐之事要明察审辨，坚守原则，丝毫不让步，这是防微杜渐的谨慎之道。

著令甲者①，凡以示天下万世，最不可草率，草率则行时必有滞碍；最不可含糊，含糊则行者得以舞文；最不可疏漏，疏漏则出于吾令之外者无以凭藉，而行者得以专辄。

【注释】

①令甲：法令的通称。

【译文】

制定法令，大凡是为了昭示天下而留传万世，最不可草率从事。草率了那么执行时一定会滞碍难通；最不能含糊其辞，含糊了那么执行的人就会玩弄法令条文；最不可疏漏，疏漏了那些在法令条文规定之外的事情，就没有法律条文作为凭借，实行的人就会根据自己的意思专断擅行。

微者正之，甚者从之，从微则甚，正甚愈甚。天地万物、气化人事，莫不皆然。是故正微从甚，皆所以禁之也，此二帝三王之所以治也。

【译文】

衰微了的事物，还想扶植起来；事情已过头了，还任凭它发展。任凭事情衰微下去，事情就会越来越坏；想纠正越变越坏的事，只能助长其发展。天地万物、气的变化、人为的事情，没有不是这样的。因此扶植衰微的事物、听任形势恶化发展，都应该禁止，这是唐尧、虞舜、夏禹、商汤、周文王能使天下大治的道理所在。

只有不容已之真心①，自有不可易之良法。其处之未必当者，必其思之不精者也，其思之不精者，必其心之不切者也。故有纯王之心，方有纯王之政。

【注释】

①不容已：不停止。

【译文】

只要有孜孜不倦的真心，自会有不可替代的好方法。行为不妥当之处，必然是思考得不够周密，思考得不够周密，必然是用心不够恳切。因此，只有实行王道的诚挚之心，才会有纯粹符合王道的政治。

为人上者，只是使所治之民个个要聊生，人人要安分，物物要得所，事事要协宜，这是本然职分。遂了这个心，才得畅然一霎欢，安然一觉睡。稍有一民一物一事不妥帖，此心如何放得下？何者？为一郡邑长，一郡邑皆待命于我者也；为一国君，一国皆待命于我者也；为天下主，天下皆待命于我者也。无以答其望，何以称此职？何以居此位？夙夜汲汲图维之不暇，而暇于安富尊荣之奉，身家妻子之谋，一不遂心而淫怒是逞耶？夫付之以生民之寄，宁为盈一己之欲哉？试一反思，便当愧汗①。

【注释】

①愧汗：因惭愧而流汗。

【译文】

当官的人，应该使治下的百姓个个能维持生活，人人要安守本分，物物要得其所用，事事要协调适宜，这是起码的职务要求。做到这些，才能感到片刻的欢畅，睡得安稳。稍有一民一物一事不妥当，心里如何能够放得下。为什么这样说？作为一个郡邑的长官，一郡邑都得听从我的管理；作为一国之君，一国人都得听从我的管理；作为天下的君主，天下都得听从我的管理。如果不能满足民众的愿望，怎么能算称职呢？怎么还能坐在这个位置上呢？日夜想方设法把事情干好都来不及，哪有空暇去享受尊荣富贵呢？哪有时间去考虑身家妻子呢？哪能一不顺心就大逞淫威呢？上天把民众的生存与管理重任都寄托在我的身上，难道只为满足自己的私欲吗？这样一反思，就会惭愧得流汗。

人情，天下古今所同，圣人惧其肆，特为之立中以防之，故民易从。有乱道者从而矫之，为天下古今所难为之事，以为名高，无识者相与骇异之，崇奖之，以率天下。不知凡于人情不近者，皆道之贼也。故立法不可太激，制礼不可太严，责人不可太尽，然后可以同归于道。不然，是驱之使畔也。①

【注释】

①畔：同"叛"，背叛。

【译文】

古往今来,四海之内,人们的感情都是相同的,圣人怕人们肆无忌惮,特地制定了一个中庸之道来防备,所以民众容易遵从。有扰乱中庸之道的人强行改变它,做一些古往今来难以做到的事,来抬高自己的名声,而那些没有见识的人就一起感到惊异,进行推崇、赞赏,想以此做天下人的表率。他们不知道凡是不近人情的事,都是危害中庸之道的。因此立法不可太偏激,制礼不可太严苛,责备人不可太过火,然后才能同归于中庸之道。不然,就是驱使民众叛乱啊!

> 振玩兴废,用重典;
> 惩奸止乱,用重典;
> 齐众催强,用重典。

【译文】

使玩忽职守的官员振作,让衰废的事业振兴,要用严刑峻法;惩治奸邪,制止叛乱,要用严刑峻法;统一民众,打击豪强,要用严刑峻法。

> 民情有五,皆生于便。见利则趋,见色则爱,见饮食则贪,见安逸则就,见愚弱则欺,皆便于己故也。惟便,则术不期工而自工;惟便,则奸不期多而自多。君子固知其难禁也,而德以柔之,教以谕之,礼以禁之,法以惩之,终日与便为敌,而竟不能衰止。禁其所便,与强其所不便,其难一也。故圣人治民如治水,不能使不就下,能分之使不泛溢而已。堤之使不决,虽尧、舜不能。

【译文】

有五种人之常情,都是因为便利自己才产生的。看见利益就为之奔走,看见美色就爱恋,看见饮食就贪图,看见安逸就享受,看见愚弱的人就欺侮,这都是因为对自己方便有利的缘故。只因方便有利,权术不希望它玩弄得巧妙,它自然会巧妙;只因方便有利,奸邪的人和事不希望它多,但它自然会多。君子本来知道这些都难以禁止,就用道德来感化,用教育的方法来开导,用礼仪来禁止,用法律来惩治,终日与便利作斗争而竟然不能使它衰竭停止。禁止人们感到便利的东西与强迫人们使用不便利的东西,其困难程度是相同的。所以圣人治民如治水,既然不能使水不向下流,就把它分成几个支流,使其不泛滥而已。筑一道堤坝把水堵塞起来,不让水把它冲垮,即使是尧、舜也做不到。

尧、舜无不弊之法,而恃有不弊之身,用救弊之人,以善天下之治,如此而已。今也不然,法有九利不能必其无一害,法有始利不能必其不终弊。嫉才妒能之人,惰身利口之士,执其一害终弊者讪笑之,谋国不切而虑事不深者从而附和之,不曰"天下本无事,安常袭故何妨",则曰"时势本难为,好动喜事何益"。至大坏极弊、瓦解土崩,而后付之天命焉。呜呼!国家养士何为哉?士君子委质何为哉①?儒者以宇宙为分内何为哉?

【注释】

①委质:也作委贽、委挚。向君主献礼,表示献身。

【译文】

　　唐尧、虞舜没有毫无弊病的法令，只是依仗自己没有任何私念而一心为民的心，任用挽救弊病的人才，以改善天下的治理，仅此而已。现在则不然，法令有九分的好处，也不能避免没有一分有害的地方；法令在开始时是好的，也不能保证最终没有弊病。而嫉贤妒能、夸夸其谈的人，就会抓住法令的弊病讪笑嘲讽；目光短浅、虑事不周的人，就随声附和，不是说："天下本来没事，安于常规、因袭过去又有何妨？"就是说："时势本来难以改变，喜欢变动多事又有何益？"到法律弊端百出、土崩瓦解时又说是天命决定的。唉！国家养了这么多的官吏干什么？士君子献身国家又是为什么呢？儒者以治理天下为己任，但又做了些什么呢？

　　　　圣明之世，情、礼、法三者不相忤也。末世，
　　情胜则夺法，法胜则夺礼。

【译文】

　　在圣明的盛世，人情、礼仪和法律三者并不矛盾。而在走向衰落的末世，人情占据上风时会取代法律，法律占据上风时又会取代礼仪。

　　　　后世无人才，病本只是学政不修，而今把作
　　万分不急之务，才振举这个题目，便笑倒人。官
　　之无良，国家不受其福，苍生且被其祸，不知当
　　何如处？

【译文】

后世缺乏人才，根本原因是因为不重视教育。现在把教育看成毫不急迫的事，刚有人提出要振兴教育，就招来耻笑。没有优秀的官员，国家就得不到益处，老百姓也跟着受害，真不知该怎么办？

无治人则良法美意反以殃民，有治人则弊习陋规皆成善政。故有文、武之政，须待文、武之君臣。不然，青萍、结绿非不良剑也①，乌号、繁弱非不良弓矢也②，用之非人，反以资敌。予观放赈、均田、减粜、检灾、乡约、保甲、社仓、官牛八政而伤心焉。不肖有司，放流有余罪矣。

【注释】

①青萍、结绿：青萍和结绿都是古代宝剑名。
②乌号、繁弱：乌号和繁弱都是古代良弓名。

【译文】

没有善于治理天下的人，即便有良好的法令、美好的愿望，也会给民众带来祸殃；有了善于治理天下的人，即使是弊习陋规也能变成善政。因此要想有周文王、周武王那样的政治局面，必须有周文王、周武王时代的明君贤臣。青萍、结绿都是宝剑，乌号、繁弱都是良弓，但如果不是合适的人来使用，反而会帮助了敌人。我看放赈、均田、减粜、检灾、乡约、保甲、社仓、官牛这八项本来对治国有利的政令得不到正确的施行，感到很伤心。那些无德无能的官吏，就算将其流放，惩罚力度也是远远不够的。

振则须起风雷之《益》①，惩则须奋刚健之《乾》②，不如是，海内大可忧矣。

【注释】

①益：《周易·益卦》："象曰：'益动而巽，日进无疆。天施地生，其益无方。凡益之道，与时偕行。'象曰：'风雷，益。君子以见善则迁，有过则改。'"

②乾：《周易·乾卦》："文言曰：'大哉乾乎，刚健中正，纯粹精也。'"

【译文】

振作精神必须有暴风迅雷的气势，像益卦所说的那样；惩治恶行必须要刚强果断，像乾卦所说的那样。如果不这样，国家局势就实在令人忧虑了。

一呼吸间，四肢百骸无所不到；一痛痒间，手足心知无所不通，一身之故也。无论人生，即偶，提一线而浑身俱动矣，一脉之故也。守、令者，一郡县之线也；监、司者，一省路之线也；君、相者，天下之线也。心知所及而四海莫不精神，政令所加而万姓莫不鼓舞者何？提其线故也。令一身有痛痒而不知觉，则为痴迷之心矣。手足不顾，则为痿痹之手足矣①。三代以来，上下不联属久矣，是人各一身而家各一情也，死生欣戚不相感②，其罪不在下也。

【注释】

①痿痹：肢体不能动作之病，失去知觉。

②欣戚：欢乐与忧愁。

【译文】

一呼一吸之间，气息会流通到四肢百骸；身体有一个地方痛痒，手足心脑各个器官都会感通，这是由于同在一个身体上的缘故。不仅活生生的人是这样，即使是木偶，提起一根线，全身都会动作，这是因为有一根线连在一起的缘故。郡守、县令，就是一郡一县之线；监、司，就是一省一路之线；君、相，就是天下之线。他们的思虑所及，四海都会为之振奋；政令所到之地，百姓莫不鼓舞。这是为什么？因为提起了线的缘故。如果自身有痛痒而不知，这就是得了痴呆症了；手足都不会动，就是得了痿痹病了。三代以后，上下不相联属已经很久了，都是人人各顾自身，而家家各有自己的情境，悲欢生死互不关心，其罪责并不在下面的民众。

夫民怀敢怒之心，畏不敢犯之法，以待可乘之衅①。众心已离，而上之人且恣其虐以甚之，此桀、纣之所以亡也。是以明王推自然之心，置同然之腹，不恃其顺我者之迹，而欲得其无怨我者之心，体其意欲而不忍拂②，知民之心不尽见之于声色，而有隐、而难知者在也。此所以固结深厚而子孙终必赖之也。

【注释】

①衅：缝隙，裂痕。
②拂：忤逆，违背。

【译文】

民众怀有怨怒的心情，畏惧不敢违犯法律，于是等待可乘之机。民众已经离心离德了，而居上位者却恣意暴戾，更加剧其不满，这就是夏桀、商纣王之所以灭亡的原因。因此英明的君王能够以自己自然的心情愿望，去体会别人同样会有的心愿，不为表面顺从自己的假象所迷惑，而努力使别人没有怨恨自己的情绪。体谅民众的愿望而不忍心违背，知道民众的心情不会全部表现出来，而是有所隐藏。这样做就会巩固自己统治的基础，子孙后代也会因此而有可以依赖的福泽。

势有时而穷。始皇以天下全盛之威力，受制于匹夫①。何者？匹夫者，天子之所恃以成势者也。自倾其势，反为势所倾。故明王不恃萧墙之防御②，而以天下为藩篱。德之所渐，薄海皆腹心之兵③；怨之所结，衽席皆肘腋之寇④。故帝王虐民是自虐其身者也，爱民是自爱其身者也。覆辙满前而驱车者接踵，可恸哉！

【注释】

①始皇以天下全盛之威力，受制于匹夫：指秦被陈胜、吴广等农民起义军引发动乱，最终走向灭亡。

②萧墙：古代宫室用以分隔内外的小墙，后以萧墙之患比喻内部潜在的祸患。

③薄海：接近海边，泛指海内外广大地区。

④衽席：卧席，引申为宿寝之所。

【译文】

"势"会有穷尽的时候。秦始皇以天下全盛的威力，为什么会引发农民起义，最终走向灭亡？所谓匹夫，就是天子所赖以形成"势"的人们。自己利用这种"势",反过来又被这种"势"所灭亡。所以英明的帝王不单靠围墙做防御,而是以整个天下为藩篱。恩德所及之处,天下所有人都会成为心腹之兵;怨恨所结之处,亲密之人也会成为自己的仇敌。所以帝王虐待百姓,就是虐待自己;爱护民众,就是爱护自己。后人不看历代的前车之鉴,接踵而来,重蹈覆辙,真是太可悲了。

如今天下人,譬之骄子,不敢热气,唐突便艴然起怒①。缙绅稍加综核则曰苛刻,学校稍加严明则曰寡恩,军士稍加敛戢则曰陵虐②,乡官稍加持正则曰践踏。今纵不敢任怨,而废公法以市恩独,不可已乎?如今天下事,譬之敝屋,轻手推扶便愕然咋舌,今纵不敢更张,而毁拆以滋坏,独不可已乎?

【注释】
①艴(fú)然:发怒的样子。
②敛戢:收敛约束。

【译文】
现在的人们,如同娇生惯养的孩子,不敢对他有一点冒犯,不然他就会勃然大怒。官吏稍加考核,就说是苛刻;学校的纪律稍微严明一些,就说是寡恩;兵士稍加管束,就说是凌虐;乡官稍加纠正,就说是践踏。现在纵然不能要求这些人做到任劳任怨,但不做违公法而市私恩的事不行吗?现在天下的事情,好比破旧的房屋,轻轻用手推,都让人目瞪口呆,即使不能重建,但不再变本加厉地破坏不行吗?

三军要他轻生，万姓要他重生；不轻生不能戡乱①，不重生易于为乱。

【注释】
①戡乱：平定叛乱。

【译文】
　　对于三军将士，要让他们视死如归；对于天下百姓，要让他们珍惜生命。将士不视死如归就不能平定叛乱，百姓不珍惜生命就容易发生暴乱。

　　任人不任法，此惟尧、舜在上，五臣在下可矣。非是而任人，未能不乱者。二帝三王非不知通变宜民、达权宜事之为善也，以为吾常御天下，则吾身即法也，何以法为？惟夫后世庸君具臣之不能兴道致治①，暴君邪臣之敢于恣恶肆奸也，故大纲细目备载具陈，以防检之，以诏示之。固知夫今日之画一，必有不便于后世之推行也，以为圣子神孙自能师其意而善用于不穷，且尤足以济吾法之所未及。庸君具臣相与守之而不敢变，亦不失为半得。暴君邪臣即欲变乱而弁髦之② ，犹必有所顾忌，而法家拂士亦得执祖宗之成宪③，以匡正其恶而不苟从，暴君邪臣亦畏其义正事核也，而不敢遽肆，则法之不可废也明矣。

【注释】
①具臣：具位充数、不称职的臣子。《论语·先进》："今由与求也，可谓具臣矣。"

②弁髦：弃置不用之物。弁，缁布冠；髦，幼童垂发。

③法家拂士：明法度的大臣和辅弼之士。拂，通"弼"，辅弼。

【译文】

用人治而不用法治，这只有尧、舜在位，禹、稷、契、皋陶、伯益五位贤臣辅佐的时候才能做到。如果情况不同而生搬硬套，必出祸乱。尧、舜二帝与夏禹、商汤、周文王三王并非不知通权达变对民对事都有好处，认为自己既然长久治理天下，自己即是法律的化身，又何必制定法律呢？但又怕后世的庸君和不称职的大臣不能治理好国家，暴君邪臣敢于肆意作恶，因此才立下详细的纲常法律，以防止和约束这些君臣，昭示后世。而且知道当时制定的统一纲常法律，必定有不便于后世之处，自以为其圣子贤孙善解其本意，能够灵活运用，查漏补缺。后世庸君和不称职的大臣若能遵行不变，也算达到了一半目的。暴君奸臣即使想弃而不用，必定还有所顾忌。那些法度之士、辅弼之臣，也可以拿着祖宗制定的成法来纠正暴君邪臣的恶行而不苟从，暴君邪臣也畏惧其正义而不敢过于为所欲为。由此看来，法律不可废除的原因就相当明确了。

> 善用威者不轻怒，
> 善用恩者不妄施。

【译文】

善于采用威严策略的人，不轻易发怒；善于使用恩惠手段的人，不随便施恩。

事有知其当变而不得不因者，善救之而已矣；
人有知其当退而不得不用者，善驭之而已矣。

【译文】

有的事情明知道应该改变但不得不因循，这就要善于补救；明知道有的人应罢退却不得不任用，这就要善于驾驭。

既成德矣，而诵其童年之小失；既成功矣，而笑其往日之偶败。皆刻薄之见也，君子不为。

【译文】

别人已经在德业上有了造诣，却述说他童年时的小过失；别人已经成功了，却耻笑他往日偶然的失误。这些都是刻薄的举动，君子不会这样做。

为政者，非谓得行即行，以可行则行耳。有得行之势，而昧可行之理，是位以济其恶也。君子谓之贼。

【译文】

做官的人管理政务，不能说我能够做什么就做什么，而是要看可不可以做。有能够做什么的权势，却违背可行的正理，随心所欲去做，那就是用他的官位来助长恶行。君子称这种做官的人为贼。

使众之道，不分职守则分日月，然后有所责成而上不劳，无所推委而下不奸。混呼杂命，概怒偏劳，此不可以使二人，况众人乎？勤者苦，惰者逸，讷者冤，辩者欺，贪者饱，廉者饥，是人也，即为人下且不能，而使之为人上，可叹也夫！

【译文】

上司用人之道，如果不从职责上要求，就要从时间上要求，这样上司有所责成而不劳累，下属也没有借口推诿而耍奸猾。上司乱发命令，对所有人发怒，只让一部分人劳累，这样的上司连两个人也用不好，何况更多的人呢？让勤劳的人辛苦，懒惰的人安逸，木讷的人蒙冤，狡辩的人欺骗，贪婪的人饱食，廉洁的人挨饿，这种人做个下属也不够格，却让他做上司，可悲可叹啊！

藏人为君守财，吏为君守法，其守一也。藏人窃藏以营私，谓之盗。吏以法市恩，不曰盗乎？卖公法以酬私德，剥民财以树厚交，恬然以为当然，可叹哉！

【译文】

管理仓库的人为国君守护财产，官吏为国君保护法律，他们守护的职责都是一样的。管理仓库的人盗窃国库的财产据为己有称作盗，官吏操纵法律来换取别人对他的感激，难道就不是盗了吗？出卖公法来报答别人的私恩，剥夺民众的财产来结党营私，还恬不知耻地以为是应该做的事，真让人为之叹息啊！

弭盗①之末务莫如保甲②，弭盗之本务莫如教养。故斗米十钱，夜户不闭，足食之效也。守遗待主，始于盗牛，教化之功也。夫盗，辱名也；死，重法也。而人犹为之，此其罪岂独在民哉？而惟城池是恃，关键是严，巡缉是密③，可笑也已。

【注释】

①弭盗：止盗。

②保甲：古代的一种户籍制度，以十家为一保，十保为一甲，保有保正，甲有甲长。

③巡缉：巡捕缉拿。

【译文】

防盗的一般措施，以保甲制度最好；防盗的根本措施，以加强教化和与民休养为最佳。一斗米只值十个钱的时候，就能够做到夜不闭户，这是粮食充足的结果。守着失物等待失主的人，曾是以前盗过牛的人，这就是教化的功效。盗窃是可耻的名声，处死是很重的刑罚，但人还要去冒死为盗，难道都是民众的责任吗？认为单靠坚固的城池、严密的守卫以及巡察缉捕的加强就可以防盗，这种想法太可笑了。

事有大于劳民伤财者，虽劳民伤财亦所不顾。

事有不关利国安民者，虽不劳民伤财亦不可为。

【译文】

事情有比劳民伤财还紧要的，就是虽明知劳民伤财也要去做。事情有与利国安民无关的，即使不劳民伤财也不可去做。

人才邪正,世道为之也;世道污隆,君相为之也。君人者何尝不费富贵哉?以正富贵人,则小人皆化为君子;以邪富贵人,则君子皆化为中人。

【译文】

人的才能是用在正当的事情上还是用在邪恶的事情上,是由世道造成的;世道的好坏,是由君主和大臣造成的。君主何尝不把富贵给人呢?以正道使人富贵,普通人都会变成君子;以歪门邪道使人富贵,君子也堕落成了普通人。

为政之道,第一要德感诚孚,第二要令行禁止。令不行,禁不止,与无官无政同,虽尧、舜不能治一乡,而况天下乎?

【译文】

为政之道,第一要用德感化人,以诚服人。第二要令行禁止。有令不行,有禁不止,就和没有官吏和政府一样,即使是尧、舜也无法治理好一个乡村,更何况整个国家呢?

印书先要个印板真,为陶先要个模子好。以邪官举邪官,以俗士取俗士,国欲治,得乎?

【译文】

印书先要有块好印板,制作陶器先要有个好模具。以邪恶的官吏举荐邪恶的官吏，以庸俗的人来选录庸俗的人，还想把国家治理好，可能吗？

不伤财，不害民，只是不为虐耳。苟设官而惟虐之虑也，不设官其谁虐之？正为家给人足，风移俗易，兴利除害，转危就安耳。设廉静寡欲，分毫无损于民，而万事废弛，分毫无益于民也，逃不得"尸位素餐"四字①。

【注释】
①尸位素餐：指占着位子白吃饭却不干活。

【译文】
不贪财、不害民，只是没有残暴地伤害民众罢了。如果设置官吏只考虑到他们不残害民众就行了，那么不设置官吏的话，有谁去残害百姓呢？设置官吏的目的，正是为了能使民众丰衣足食，移风易俗、兴利除害、转危为安。如果官吏只是廉静寡欲，分毫不损害民众，但万事荒废怠弛、对民众没有分毫的益处，那么就逃不掉"尸位素餐"这四个字。

而今举世有一大迷，自秦汉以来，无人悟得。官高权重原是投大遗艰，譬如百钧重担，须寻乌获来担①；连云大厦，须用大木为柱。乃朝廷求贤才，藉之名器以任重②；非朝廷市私恩，假之权势以荣人也。今也崇阶重地，用者以为荣人，重以予其所爱，而固以吝于所疏，不论其贤不贤。其用者以为荣己，未得则眼穿涎流以干人，既得则捐身镂骨以感德，不计其胜不胜。旁观者不论其官之称不称，人之宜不宜，而以资浅议骤迁，以格卑议冒进，皆视官为富贵之物，而不知富贵之也欲以何用。果朝廷为天下求人耶？抑君相为士人择官耶③？此三人者皆可怜也。叔季之世④，生人其识见固如此可笑也。

【注释】

①乌获：战国时秦国的力士，后为力士的通称。
②名器：指等级、地位的爵号和车服仪制。
③抑：连词，还是。
④叔季之世：指国家衰乱将亡之世。叔，指衰世；季，指将亡之世。

【译文】

现在世上有一个大谜，从秦汉以来，就没人领悟出来。官高权重，原只为了让他担当重大的责任、完成艰难的任务，就像百钧的重担，需要找乌获这样的大力士来担当；高耸入云的大厦，需要粗大的木料充当梁柱一样。这是朝廷为求贤才，借用名器、地位来委以重任，并非朝廷要以此作为恩惠，给人权势来使之荣耀。现在有权授予高官重位的人以为高官厚禄是为了使人荣耀，以此重用亲近之人，冷落疏远不亲近之人，而不论其是否贤良。做官的引以为荣，没得官时望眼欲穿，垂涎三尺，四处求人，得官后刻骨献身，感恩戴德，不管自己能否胜任。旁观者不论其称不称职，人选合不合适，认为资历浅薄、官位低微的就是升得太快，都把官位看做富贵的象征，却不知富贵的目的为何。这样做是朝廷为治理天下选拔人才呢，还是君主和丞相为读书人安排官位呢？这三种人都很可怜。到了一个朝代的末世，人们的见识就是如此可悲可笑。

汉始兴，郡守某者御州兵，常操之内免操二月，继之者罢操。又继之者常给之外，冬加酒银人五钱，又继之者加肉银人五钱，又继之者加花布银人一两。仓库不足，括税给之；犹不足，履亩加赋给之。兵不见德也而民怨。又继之者曰："加，吾不能；而损，吾不敢。"竟无加。兵相与鼓噪曰："郡长无恩。"率怨民以叛，肆行攻掠。元帝命刺史按之。报曰："郡守不职，不能抚镇军民而致之叛。"竟弃市。嗟夫！当弃市者谁耶？识治体者为之伤心矣。

【注释】

①弃市：古代在闹市执行死刑，将尸体暴露街头，称弃市。

【译文】

汉朝刚建立的时候，有一名郡守统御管理州兵时，在士兵规定的操练时间内免去了两个月，继任的郡守又免去了操练。又继任的郡守在每个士兵规定的供给之外，冬天每人又增加酒银五钱。又继任的人又给每人增加肉银五钱，再继任的人又给每人增加花布银一两。仓库的银两不够，就用收税的办法来解决；还不足，就按田亩增加田赋。如此，士兵并不感恩戴德而老百姓却怨声载道。后来又继任的人说："再增加，我做不到；而减少，我也不敢。"最终没有增加。这时士兵就群起喧闹说："郡守对我们没有恩惠。"带领着怨声载道的百姓举行叛乱，大肆地攻打抢掠。汉元帝命令刺史去审查这个案件，刺史报告说："郡守不称职，不能镇抚军民而导致叛乱。"最后郡守被杀了头。唉，应该被杀头的是谁呢？懂得政治体统的人真为之伤心啊!

迂儒识见，看得二帝三王事功只似阳春雨露，姁煦可人，再无一些冷落严肃之气。便是慈母也有诃骂小儿时，不知天地只恁阳春成甚世界？故雷霆霜雪不备，不足以成天威怒；刑罚不用，不足以成治。只五臣耳①，还要一个皋陶，而二十有二人，犹有四凶之诛②。今只把天德王道看得恁秀雅温柔，岂知杀之而不怨便是存神过化处③。目下作用，须是汗吐下后服四君子、四物百十剂，才是治体④。

【注释】

①五臣：《论语·泰伯》："舜有臣五人而天下治。"五臣指禹、稷、契、皋陶、伯益。皋陶掌刑狱。

②二十有二人，犹有四凶之诛：《史记·五帝本纪》称舜封臣子二十二人而天下大治。四凶之诛，指舜流放浑沌、穷奇、梼杌、饕餮四凶族。

③存神过化：《孟子·尽心上》："夫君子所过者化，所存者神，上下与天地同流，岂曰小补之哉！"

④四君子：即"四君子汤"。四君子，指人参、白术、茯苓、甘草。四物：指"四物汤"。四物，指当归、川芎、芍药、生地。

【译文】

迂腐的士人见识，只能看到二帝三王的功业像阳春雨露，温暖滋润，没有一点冷落严肃的气象。其实慈母也有责骂孩子的时候，殊不知如果世间只有春天，还成什么世界？所以没有雷霆霜雪，无法显示上天的威严、愤怒；不使用刑罚，就无法治理国家。舜有五位大臣，其中还有皋陶主持刑狱；舜封臣子二十二人，还流放了四凶。现在把天德王道看得那样秀雅温柔，殊不知被杀而不怨才是圣人神妙的教化所起的作用。现在起作用的办法是出汗呕吐以后，再服四君子汤、四物汤百十剂，才是治病的良方。

　　　　小人只怕他有才，有才以济之，流害无穷；
　　君子只怕他无才，无才以行之，斯世何补？

【译文】

　　小人就怕有才能，小人以才能作辅助，危害就会更大；君子就怕没有才能，君子没有才能而去做事，对社会有什么用处呢？

　　　　事有便于官吏之私者，百世常行，天下通行，或日盛月新，至弥漫而不可救。若不便于己私，虽天下国家以为极便，屡加申饬，每不能行，即暂行亦不能久。负国负民，吾党之罪大矣！

【译文】

　　对官吏私人有利的事，往往百代常行，普天下都能通行，甚至会日盛月新，以致弥漫天下而不可挽救。如果是对官吏私人不利的事，即使天下人和国家认为极其有利，屡加告诫，每每不能通行，即使暂时执行也不会长久。辜负国家、辜负民众，我们这些官吏的罪责可就大了。

权之所在,利之所归也。圣人以权行道,小人以权济私。在上者慎以权与人。

【译文】

有了权力,就有了利益。圣人以权力践行天地正道,小人以权力牟取私利。地位高的人,不要轻易把权力交给他人。

民情不可使不便,不可使甚便。不便则壅阏而不通,甚者令之不行,必溃决而不可收拾;甚便则纵肆而不检,甚者法不能制,必放溢而不敢约束。故圣人同其好恶,以体其必至之情,纳之礼法,以防其不可长之渐。故能相安相习,而不至于为乱。

【译文】

对于人之常情,不能使它们不便于满足,又不能让它们太容易满足。不便于满足就会壅塞不通,甚至命令不能实行,结果必然导致溃决不可收拾;太便于满足就会放纵恣肆而不加检点,甚至法律都不能控制,结果必然放纵而不敢约束。因此圣人善于和民众同好恶,以体会他们不得已之情;将民情纳于礼法之中,防止那些不可让它滋长的错误苗头。因此能让老百姓相安而不至于作乱。

余佐司寇日,有罪人情极可恨而法无以加者,司官曲拟重条,余不可。司官曰:"非私恶也,以惩恶耳。"余曰:"谓非私恶,诚然;谓非作恶,可乎?君以公恶轻重法,安知他日无以私恶轻重法者乎？刑部只有个'法'字，刑官只有个'执'字，君其慎之。"

【译文】

我在刑部任职侍郎的时候，有一名罪犯，案情极其可恨，而根据法律又不能再重判，当事官员要牵强附会法律条文而判其重刑，我说这样做不行。当事官员说："这并非出于我个人的憎恶，而是为了惩戒恶人。"我说："您说并非出于个人憎恶，确实如此；但说您没有放任个人憎恶，真是这样吗？您因公众对他憎恶就加重刑罚，怎么知道以后就不会以个人的憎恶而随意轻判重判呢？刑部只依照一个'法'字，刑官的责任就是个'执'字，您应该慎重考虑。"

天下之事，要其终而后知君子之用心；君子之建立，要其成而后见事功之济否。可奈庸人俗识，谗夫利口，君子才一施设，辄生议论，或附会以诬其心，或造言以甚其过。是以志趣不坚、人言是恤者辄灰心丧气①，竟不卒功。识见不真、人言是听者辄罢君子之所为，不使终事。呜呼！大可愤心矣。古之大建立者，或利于千万世而不利于一时，或利于千万人而不利于一人，或利于千万事而不利于一事。其有所费也似贪，其有所劳也似虐，其不避嫌也易以招摘取议。及其成功而心事如青天白日矣，奈之何铄金销骨之口夺未竟之施，诬不白之心哉？呜呼！英雄豪杰冷眼天下之事，袖手天下之敝，付之长吁冷笑，任其腐溃决裂而不之理，玩日愒月，尸位素餐，而苟且目前以全躯保妻子者岂得已哉？盖惧此也。

【注释】

①恤：忧虑。

②玩日愒月：贪图安逸，虚度日月。

【译文】

天下的事，要到最后才能知道君子的动机、目的，要等事情做完以后才能看出其能否成就事功。可惜庸俗者有着狭隘的见识，谄媚者有着刻薄的言语，君子才一开始做事他们就大放厥词，或者牵强附会诬蔑君子的用心，或者造谣诽谤夸大君子的过失，因此那些意志不坚定、轻信别人话的人，就会灰心丧气，以至于不再努力。那些没有见识、听信他人的人，听到了这些议论就不再按君子说的办，使事情半途而废。唉！太令人气愤了。古时大有作为的人，有的有利于后世而不利于当时，有的有利于广大民众而不利于极个别人，有的对大多数事情有利对少数事情不利。他们耗用的财力很多，好像很贪婪似的；让人非常辛苦，好像很暴虐似的；他们做事不避嫌疑，容易招来指摘和非议。直到他们成功，其动机才大白于天下。怎么能以刁钻刻薄的言语，强行评判没有完成的事情，在他人没有辩解的时候诬蔑其动机呢？唉！英雄豪杰中的有些人冷眼看待天下之事，对天下的弊端袖手旁观，只付之冷笑和叹息，任其腐烂溃败而不管，整天吟风弄月，在位而不理事，苟且偷生以保全妻子儿女，难道他们甘心这样吗？可能就是因为惧怕众口铄金吧。

变法者变时势不变道，变枝叶不变本。吾怪夫后之议法者偶有意见，妄逞聪明，不知前人立法千思万虑而后决。后人之所以新奇自喜，皆前人之所以熟思而弃者也，岂前人之见不及此哉！

【译文】

变法的人，应该是改变时势而不改变原则，改变枝叶而不改变根本。我觉得后世议论变法的人很不好，偶尔有了一点见解，就狂妄地卖弄自己的聪明，岂不知前人立法的时候是经过千思万虑才决定下来的。后人认为新奇而自以为得意的见解，都是前人经过深思熟虑而弃置不用的，哪里是前人没有考虑到呢！

官贵精不贵多，权贵一不贵分。大都之内，法令不行，则官多权分之故也，故万事俱弛。

【译文】

官员要精干但不要太多，权力要统一而不要分散。在京城里，法令得不到贯彻，就因为这里的官员太多，权力过于分散，因此各种事情都废弛了。

今之用人，只怕无去处，不知其病根在来处；今之理财，只怕无来处，不知其病根在去处。

【译文】

现在任用人才，只怕没有地方安排，却不知问题的根源在人才的选拔。现在管理财产，只怕没有财源，却不知出现弊端的根本在于分配使用的不合理。

兵以死使人者也。用众怒，用义怒，用恩怒。众怒仇在万姓也，汤、武之师是已；义怒以直攻曲也，三军缟素是已；恩怒感激思奋也，李牧犒三军①，吴起同甘苦是已②。此三者，用人之心，可以死人之身，非是皆强驱之也。猛虎在前，利兵在后，以死殴死，不战安之？然而取胜者幸也，败与溃者十九。

【注释】

①李牧：战国时赵国良将，对手下士兵极好。

②吴起：战国时卫人，善于用兵打仗，作战时与士兵同吃同住，曾为受伤士兵吸脓。

【译文】

用兵，就是使他人为其送死。所利用的是众怒、义怒、恩怒。众怒，是百姓自己有满腔仇恨，商汤王、周武王的军队就是这样；义怒，是以正义攻击邪恶，像披麻戴孝、誓死报仇的三军就是这样；恩怒，是由于感激而愿意为之奋斗，像李牧犒劳三军、吴起与士兵同甘共苦就是这样。这三种方法，利用的是人心，可以达到使人视死如归的效果，除此之外都是靠强迫驱使军队去作战。势如猛虎的敌人在前面，手持利刃的监军在后面，退缩就得处死，在这种情况下，不去作战又能够怎么样呢？然而靠这种方法取胜的，只是侥幸罢了，十有八九是要溃败的。

民情甚不可郁也①。防以郁水，一决则漂屋推山；炮以郁火，一发则碎石破木。桀、纣郁民情而汤、武通之，此存亡之大机也。有天下者之所凤夜孜孜者也。

【注释】

①郁：郁积，堵塞。

【译文】

民众的情绪不能郁积。堤岸是用来蓄水的，一旦决口就会冲倒房屋，淹没山头。火炮是蕴藏火的，一旦发射，就会石碎木破。夏桀、商纣暴虐，郁积民众的情绪，而商汤、周武王使之通畅，这是国家存亡的关键，是帝王日夜要思考的。

国家之取士以言之，固将曰言如是行必如是也，及他日效用，举背之矣。今间阎小民立片纸，凭一人，终其身执所书而责之不敢二，何也？我之所言昭然在纸笔间也，人已据之矣。吁！执卷上数千言，凭满闱之士大夫，且播之天下，视小民片纸何如？奈之何吾资之以进身，人君资之以进人，而自处于小民之下也哉？噫！无怪也。彼固以空言求之，而终身不复责券也。

【译文】

国家选拔官吏是因为他说的话、作的文章，本来认为其言论是这样，行为也一定是这样。到了以后实际任用的时候，才发现原来是两回事。现在普通百姓立一纸文书，找一个证人，别人终身就可以拿着它督促他，他也不敢违背。为什么呢？自己的话已经明明白白地写在纸上了，别人已经有了凭据了。唉！以试卷上的数千言，凭借满考场士人之口已传播天下，这比普通百姓的一张纸又怎么样呢？为什么读书人靠它当了官,帝王靠它选了人,却把自己降低到普通民众之下呢?唉!也难怪,他本来就是以空言来求官,因而一辈子也不会兑现。

卑卑世态,袅袅人情,在下者工不以道之悦,在上者悦不以道之工。奔走揖拜之日多,而公务填委①;简书酬酢之文盛②,而民事罔闻。时光只有此时光,精神只有此精神,所专在此,则所疏在彼。朝廷设官本劳己以安民,今也扰民以相奉矣。

【注释】

①填委:纷集,堆积。
②酬酢:应酬。

【译文】

当今世态,唯唯诺诺,人情纷繁,下面的人擅长以不正当的手段讨取欢心,上面的人喜欢那些无聊的机巧谄媚。互相拜访应酬的时候太多,而公务积压;书信往来应酬的文章多,而百姓的事情置若罔闻。时间只有这点,精神也只有这点,如果专心在这方面,另一方面就会疏忽。朝廷设置官位,本来是让官员辛苦一些而使民众安定,现在成了以扰民来回报官位了。

"与其杀不辜,宁失不经"①,此舜时狱也。以舜之圣、皋陶之明,听比屋可封之民②、当淳朴未散之世,宜无不得其情者,何疑而有不经之失哉?则知五听之法不足以尽民③,而疑狱难决自古有之，故圣人宁不明也而不忍不仁。今之决狱，辄耻不明而以臆度之见、偏主之失杀人，大可恨也。夫天道好生，鬼神有知，奈何为此？故宁错生了人，休错杀了人。错生则生者尚有悔过之时，错杀则我亦有杀人之罪。司刑者慎之。

【注释】

①"与其杀不辜，宁失不经"：语出《尚书·大禹谟》。不经，不合常规。

②比屋可封：形容教化成就之大，家家都有很高的德行，人人可以旌表。

③五听之法：《周礼》中所讲的五种听狱讼、求民情的方法，即辞听、色听、气听、耳听、目听。

【译文】

"与其诛杀无辜的人，宁可违背常规"，这是帝舜时代治狱的原则。以舜的圣德、皋陶的明察，面对的是家家都有德行、人人可以表彰的民众，处于未失淳朴风气的世道，应该没有不了解其情由的事情，怎么还会怀疑有违背常规的疏忽呢？由此可知，用五听之法尚不足以应对所有的百姓，因而自古以来就有难以判断的疑案。因此圣人宁可落个不英明的名声也不忍心滥杀无辜。现在的刑狱决断，就怕别人说自己不英明，凭着臆断推想和偏颇的主观见解而杀人，太可恨了。上天有好生之德，鬼神也暗中有知，为什么要这样做呢？因此宁可错判留下活口，也不能错判杀害无辜。如果错误地使有罪的人活了下来，他可能会有悔悟的时候；如果错杀了人，自己也犯了杀人之罪。掌管刑狱的人一定要慎重。

夫治水者，通之乃所以穷之，塞之乃所以决之也。民情亦然。故先王引民情于正，不裁于法。法与情不俱行，一存则一亡。三代之得天下，得民情也；其守天下也，调民情也。顺之而使不拂，节之而使不过，是谓之调。

【译文】

治理水患，用疏通的办法使水流畅通才可以免除水灾，用堵塞的办法只能造成堤防崩溃、洪水为患。民情也是这样。因此先王把民情引向淳正，不用法来裁治。法和情不能同时并行，一方存在，另一方就会消亡。三代能够得天下，是因为顺应了民情；三代能够守天下，是因为调和了民情。顺应而不违背，节制而不使其过分，这就叫作调和。

进贤举才而自以为恩，此斯世之大惑也。退不肖之怨，谁其当之？失贤之罪，谁其当之？奉君之命，尽己之职，而公法废于私恩，举世迷焉，亦可悲矣。

【译文】

把举荐人才当作一种施恩，这是令世人迷惑的事情。辞退无能之辈招致的怨恨，让谁来承担呢？丧失贤良人才的罪过，又让谁来承担呢？得到帝王的任命，就应该恪守自己的职责，现在却因为个人的恩怨而废弃国家的制度，举世都对此不解，这种情况也太可悲了。

法多则遁情愈多。譬之逃者，入千人之群则

不可觅，入三人之群则不可藏矣。

【译文】

　　法令愈多，隐情、漏洞就愈多。譬如逃跑的人，逃入成千上万的人群之中，就找不到了。如果跑到三个人当中，就隐藏不住。

　　　　多事之秋，用无才之君子，不如用有才之小人。

【译文】

　　处在多事的乱世，任用没有才能的君子，不如用有才能的小人。

　　　　无事时惟有丘民好踩践，自吏卒以上，人人得而鱼肉之。有事时惟有丘民难收拾，虽天子亦无躲避处，何况衣冠？此难与诵诗读书者道也。

【译文】

　　天下太平的时候，只有老百姓好欺负，自吏卒以上，人人都能鱼肉百姓。天下混乱时，唯有百姓最难管理，即使是天子也无处躲避，更何况衣冠士绅呢？这个道理难以和只知诵读诗书的人讲。

　　　　盈天地间只靠二种人为命，曰农夫、织妇。却又没人重他，是自戕其命也。

【译文】

　　世界上只靠着两种人来养育人类,那就是农夫和织妇,然而却没有人重视他们,这是在断送自己的性命。

　　　　簿书所以防奸也。簿书愈多而奸愈黠,何也?千册万簿,何官经眼?不过为左右开打点之门,广刁难之计,为下司增纸笔之孽,为百姓添需索之名。举世昏迷,了不经意,以为当然,一细思之,可为大笑。有识者裁簿书十分之九,而上下相安,弊端自清矣。

【译文】

　　官府文书是用来防止坏人作奸犯科的。可文书越多坏人越狡猾,这是为什么呢?千册万簿档案,有什么官吏看呢?只不过是为左右开贿赂的门路,增加刁难的途径,为下属增加纸笔的罪孽,为百姓增加勒索的名目罢了。世人糊涂,毫不在意,认为这是正常的事,仔细一想,真是可笑。明白的人将簿书裁去十分之九,这样反而上下相安无事,弊端自然消除。

　　　　养士用人,国家存亡第一紧要事,而今以当故事。

【译文】

　　培养、选拔人才,是关系国家存亡的第一要事,如今却被当作陈年旧事谈论。

听讼者要如天平,未称物先须是对针,则称物不爽。听讼之时心不虚平,色态才有所著,中证便有趋向,况以辞示之意乎?当官先要慎此。

【译文】

判断官司的人要像天平一样,在称重之前,先要对好星子,否则称物就不准。断案时心里不坦然公平,表情、举止稍微有些不一样,中证便看眼色行事了,更何况以言辞暗示呢?做官先要警惕这些。

呻吟语

卷六 外篇 数集

人　情

无所乐,有所苦,即父子不相保也,而况民乎?有所乐,无所苦,即戎狄且相亲也,而况民乎?

【译文】

没有欢乐只有艰难困苦,即使是父子关系也不能维持,何况一般百姓呢?尽是欢乐而没有艰难困苦,即使是戎狄也能相亲相爱,何况一般百姓呢?

世之人,闻人过失,便喜谈而乐道之;见人规己之过,既掩护之,又痛疾之;闻人称誉,便欣喜而夸张之;见人称人之善,既盖藏之,又搜索之。试思这个念头是君子乎?是小人乎?

【译文】

世上的人,听到别人的过失,就谈论不休、到处传播;见别人指责自己的过错,就竭力去掩饰过失,而且对规劝自己的人非常痛恨;听到别人夸奖自己,就洋洋得意,并夸大其词;听到别人称赞他人的仁善德行,就竭力去掩盖他人的善,而且百般挑剔他人的毛病,试问有这样念头的人,是君子还是小人?

论人情,只往薄处求;说人心,只往恶边想。此是私而刻底念头,自家便是个小人。古人责人，每于有过中求无过，此是长厚心、盛德事。学者孰思，自有滋味。

【译文】

谈论人情的时候，总是往人情淡薄处探求；论说人心的时候，总是往人心不好的一面想。这是自私刻薄的念头，这种人自己就是个小人。古人责备人，常常从他人的过错中寻找正确的地方，这才是长厚之心、盛德之事。读书人仔细思考，其中自有一番滋味。

人说己善则喜，人说己过则怒，自家善恶自家真知，待祸败时欺人不得。人说体实则喜，人说体虚则怒，自家病痛自家独觉，到死亡时欺人不得。

【译文】

听到别人说自己好就高兴，听到别人说自己不好就恼怒，自己的好坏自己最清楚，等到遭祸落败时就谁也欺骗不了了。听到别人说自己身体健康就高兴，听到别人说自己身体虚弱就恼怒，自己身上的病痛只有自己感觉得到，待到死亡时就谁也欺骗不了了。

一巨卿还家，门户不如做官时，悄然不乐，曰："世态炎凉如是，人何以堪？"余曰："君自炎凉，非独世态之过也。平常淡素是我本来事，热闹纷华是我傥来事①。君留恋富贵以为当然，厌恶贫贱以为遭际，何炎凉如之而暇叹世情哉！"

【注释】

①倘来事：偶然而来之事。

【译文】

一位大官退职还家后，家里不如做官时热闹，他心中怏怏不乐，说道："世态炎凉到了这种地步，让人如何忍受？"我说："这是因为你自己心中有炎凉的念头，并不是世态的过错。平静淡然是我们本来应该过的生活，而热闹繁华却是偶尔的。你留恋荣华富贵，以为是理所当然的生活，厌恶贫贱，以为是际遇不佳，怎么能说世态炎凉成这个样子，而你又因此感叹世态人情呢？"

两人相非，不破家忘身不止，只回头认自家一句错，便是无边受用。两人自是，不反面稽唇不止，只温语称人一句好，便是无限欢欣。

【注释】

①反面稽唇：翻脸争论。

【译文】

两个人互相诽谤，不到家破人亡的地步就不能停止，其实只需自己认一句错，便有无穷受用了。两人都认为自己是对的，不到翻脸争论的地步就不肯罢休，其实只需温和地称赞对方一句好，便有无限欢乐了。

露己之美者恶，分人之美者尤恶，而况专人之美、窃人之美乎？吾党戒之。

【译文】

宣扬自己好处的人可恶,分占别人好处的人更加可恶,何况占据别人的好处和窃取别人美名的呢?我们应当戒除这样的行为。

> 守义礼者,今人以为居傲;工谀佞者,今人以为谦恭。举世名公达宦,自号儒流,亦迷乱相责而不悟,大可笑也。

【译文】

坚守道义礼仪的人,会被现在的人认为骄傲自大;善于阿谀奉承的人,会被现在的人认为谦虚恭敬。世上的高官名人,自以为是儒者,也感到迷惑不解,互相责备而不能领悟真谛,太可笑了。

> 朝廷法纪做不得人情,天下名分做不得人情,圣贤道理做不得人情,他人事做不得人情,我无力量做不得人情。以此五者徇人①,皆妄也②,君子慎之。

【注释】

①徇:顺从。
②妄:不正当行为。

【译文】

朝廷的法令法规不能拿来做人情,天下的名分不能拿来做人情,圣贤的道理不能拿来做人情,别人的事情不能拿来做人情,自己没有力量做的事不能拿来做人情。以这五种情况来做人情,都是不正当的行为,正人君子一定要小心。

　　古人之相与也,明目张胆,推心置腹。其未言也,无先疑;其既言也,无后虑。今人之相与也,小心屏息,藏意饰容。其未言也,怀疑畏;其既言也,触祸机。哀哉!安得心地光明之君子,而与之披情愫、论肝膈也?哀哉!彼亦示人以光明,而以机阱陷人也。

【译文】

　　古代人相互交往时,心胸坦荡、推心置腹。没说话的时候,不必先心存疑虑;已经讲了的话,也不必有后顾之忧。现在的人相互交往,小心谨慎,隐藏意图,掩饰表情。还没有说话时怀着疑虑畏慎之心,说了以后又担心引来灾祸。真可悲啊!哪儿能找到心地光明的君子,可以与他肝胆相照、畅所欲言呢?可悲啊!古人光明正大和人交往,现在的人却在设陷阱害人。

　　古之君子,不以其所能者病人,今人却以其所不能者病人。

【译文】

　　古时候的君子从来不拿自己的长处来苛求他人,现在的人却拿自己做不到的事去苛求他人。

　　古人名望相近则相得,
　　今人名望相近则相妒。

【译文】

　　古时候的人,名望地位相近能够相处得很好;现在的人,名望地位相近就相互嫉妒。

　　　　两悔无不释之怒,
　　　　两求无不合之交,
　　　　两怨无不成之祸。

【译文】

　　双方都后悔而作出退让,便没有化解不了的仇怨。双方都渴望友好共处,便没有不能合作的交往。若双方都相互怨恨的话,酿下祸患就成了必然。

　　　　己无才而不让能,甚则害之;己为恶而恶人之为善,甚则诬之;己贫贱而恶人之富贵,甚则倾之。此三妒者,人之大戮也。

【译文】

　　自己没有才能而又不礼让有才能的人,甚至迫害有才能的人;自己作恶而又恨他人行善,甚至诬陷行善的人;自己贫贱而又嫉妒他人的富贵,甚至倾陷富贵的人。这三种嫉妒的人,是最该死的。

　　　　积威与积恩,二者皆祸也。积威之祸可救,积恩之祸难救。积威之后,宽一分则安,恩一分则悦;积恩之后,止而不加则以为薄,才减毫发则以为怨。恩极则穷,穷则难继;爱极则纵,纵则难堪。不可继则不进,其势必退。故威退为福,恩退为祸;恩进为福,威进为祸。圣人非靳恩也,惧祸也。湿薪之解也易,燥薪之束也难。圣人之靳恩也,其爱人无已之至情,调剂人情之微权也。

【译文】

积威和积恩,这二者都是祸害。因积威而致的祸可救,因积恩而致的祸难救。积威之后放宽一分对方就会安心,恩宠一分对方就会高兴。积恩之后恩惠停止不再增加,对方就以为薄情,才减少丝毫,对方就会怨怒。恩情到了极点就穷尽了,穷尽了就难以为继;宠爱到了极点就会放肆,放肆就让人难以忍受。不能再继续给以恩惠,关系就不会进一步密切,最终必然疏远。所以,减少对他人的威势,对自己是福;减少对他人的恩惠,对自己是祸。增加对别人的恩惠,对自己是福;增加对别人的威势,对自己是祸。圣人并不是吝惜施给人恩惠,而是害怕带来祸患。柴火湿了,解开捆着的绳子很容易;干燥的柴火,捆扎起来就困难了。圣人吝惜恩惠,是他爱人无已的至情用来调剂人情的权变之法啊!

人皆知少之为忧,而不知多之为忧也。惟智者忧多。

【译文】

人们都在为不足而担忧,却不知道过量也应该担忧的。只有大智的人才知道为量多而担忧。

施人者虽无已，而我常慎所求，是谓养施；报我者虽无已，而我常不敢当，是谓养报。此不尽人之情，而全交之道也。

【译文】

帮助别人的人，虽然没有过分的私心，但我却要慎重地提出请求，这叫作养施；回报我的人，虽然没有过分的私心，但我却常常不敢接受，这叫作养报。这样做，不仅可以使人情留有余地，而且是保全交情的方法。

攻人者，有五分过恶只攻他三四分，不惟彼有余惧，而亦倾心引服，足以塞其辩口。攻到五分已伤浑厚，而我无救性矣。若更多一分，是贻之以自解之资，彼据其一而得五，我贪其一而失五矣。此言责家之大戒也。

【译文】

指责别人的时候，对方有五分的错误，只指出三四分即可，这样不仅会使对方心有余悸，而且也会令其心服口服，不再辩解。如指出五分的错误，就已经有伤厚道了，自己也失去回旋的余地。倘若再多一分，就给了对方辩解的机会，对方根据这一分推翻了其余的五分，而我因多说了一分而失去了五分。这话是告诫别人的人尤应注意的。

见利向前，见害退后；同功专美于己，同过委罪于人。此小人恒态，而丈夫之耻行也。

【译文】

见到利益就向前,见到危险就退缩;与别人一起建立功劳就把功劳全都归于自己,与他人一起犯错误却将责任都推卸给他人。这是小人的通常表现,而大丈夫会以此为耻。

恕人有六①:或彼识见有不到处,或彼听闻有未真处,或彼力量有不及处,或彼心事有所苦处,或彼精神有所忽处,或彼微意有所在处。先此六恕,而命之不从,教之不改,然后可罪也已。是以君子教人而后责人,体人而后怒人②。

【注释】

①恕:宽恕。
②体:体谅。

【译文】

有六种情况可以宽恕别人:或者由于对方见识不够,或者由于对方听闻不真,或者由于对方力量不及,或者由于对方心有难言之隐,或者由于对方精神有所疏忽,或者由于对方有其他微妙的用意。先根据这六种情况宽恕他人,如果还是不服从命令,不听教诲,就可以进行惩罚。所以君子先教育人,而后才责罚人;先体谅人,而后才责怪人。

情不足而文之以言,其言不可亲也;诚不足而文之以貌,其貌不足信也。是以天下之事贵真,真不容掩面,见之言貌,其可亲可信也夫。

【译文】

　　感情不够深厚而用言语来文饰，这样的言语也不会使人感到亲近；诚恳不足而用表情来文饰，这样的表情也不会让人相信。因此天下的事情贵在真，真实的感情是掩饰不住的，而真情表现在面容和语言上就让人感到可亲可信了。

　　人到无所顾惜时，君父之尊不能使之严，鼎镬之威不能使之惧，千言万语不能使之喻，虽圣人亦无如之何也已。圣人知其然也，每养其体面，体其情私，而不使至于无所顾惜。

【译文】

　　人到无所顾惜的时候，君父的威严也不能使他感到震撼，入锅煎煮这样的酷刑也不能使他感到惧怕，千言万语也不能使他醒悟，即使圣人也无能为力。圣人明白这个道理，因此时常要保全人的体面，体恤他们的感情和私心，而不使他人陷入无所顾惜的境地。

　　称人以颜子，无不悦者，忘其贫贱而夭；称人以桀、纣、盗跖，无不怒者，忘其富贵而寿。好善恶恶之同然如此，而作人却与桀、纣、盗跖同归，何恶其名而好其实耶？

【译文】

　　称赞别人像孔子的弟子颜渊，人家没有不高兴的，而忘记了颜渊的贫贱和短命；把人比作桀、纣、盗跖，人家没有不大怒的，而忘记了桀、纣、盗跖的富贵和长寿。人们喜好善、厌恶恶的心理相同到如此的地步,而做人却和桀、纣、盗跖一样,怎能只厌恶他们的恶名而喜欢他们的富贵长寿呢?

人之情,有言然,而意未必然;有事然,而意未必然者,非勉强于事势则束缚于体面。善体人者,要在识其难言之情,而不使其为言与事所苦,此圣人之所以感人心而人乐为之死也。

【译文】
人的感情,有时用语言表达出来的未必就是心里所想的,有时做出来的也未必就是心里所想的,这不是因形势所迫,就是碍于体面。善解人意的人懂得在别人有难言之隐的时候,不会使他被言与行困扰,这就是圣人能够感动人心而人们又乐意为他赴汤蹈火的真谛。

受病于平日,而归咎于一旦。发源于脏腑,而求效于皮毛。太仓之竭也,责穷于囷底。大厦之倾也,归罪于一霖①。

【注释】
①霖:久下不停的雨。
【译文】
患病的根源起于平时,却归咎于一朝发作。病根在脏腑,却想通过皮毛治疗。一个仓库的储粮用尽了,却责难仓底。大厦倒塌了,却归罪于一场大雨。

物　理

　　临池者不必仰观，而日月星辰可知也；闭户者不必游览，而阴晴寒暑可知也。

【译文】

　　站在水池边的人不必仰头看天，就可以从水面上看到日月星辰；闭门不出的人不必出外游览，就可以从气温感知阴晴寒暑。

　　火不自知其热，冰不自知其寒，鹏不自知其大，蚁不自知其小，相忘于所生也。

【译文】

　　火不知自己是灼热的，冰不知自己是寒冷的，鲲鹏不知自己的巨大，蚂蚁不知自己的微小，因为它们忘记了自己的存在。

　　薰香莸臭①，莸固不可有薰也，是多了底，不如无臭。无臭，臭之母也。

【注释】

　　①薰：香草。莸（yóu）：臭草。

【译文】

　　香草味香，莸草味臭，莸草不可能有香味，虽多了些气味，倒不如无味。无味，就是气味的原始味道。

无功而食，雀鼠是已；肆害而食，虎狼是已。士大夫可图诸座右。

【译文】

不付出劳动而获得食物，只是麻雀、老鼠罢了；肆意伤害他人而获得食物，只是老虎、恶狼罢了。做官的人，应将这话作为座右铭。

广　　喻

剑长三尺，用在一丝之铦刃①。笔长三寸，用在一端之锐毫，其余皆无用之羡物也②。虽然，使剑与笔但有其铦者锐者焉，则其用不可施。则知无用者，有用之资；有用者，无用之施。易牙不能无爨子③，欧冶不能无砧手④，工输不能无钻厮⑤。苟不能无，则与有用者等也，若之何而可以相病也？

【注释】

①铦（xiān）：锐利。

②羡物：多余的东西。

③易牙：春秋时齐桓公幸臣，长调味，喜奉迎，传说曾烹其子以进桓公。

④欧冶：春秋时冶工，善铸剑。

⑤工输：即公输般，又称鲁班，春秋时代有名的巧匠，是木工的祖师爷。

【译文】

剑长三尺,用的只是一丝宽的利刃。笔长三寸,用的只是一端的锐毫,其余的都是无用之物。虽然这样,如果剑和笔只有利刃和锐毫,则其用途就无法施展。所以,无用的东西,是有用的东西所要凭借的;有用的东西,是靠无用的东西发挥作用的。善于烹调的易牙不能没有辅助他的人,善于铸剑的欧冶子不能没有锻铁工,善于钻木的鲁班不能没有钻手。如果不能缺少,则与有用的东西是同等重要的,为何认为它是多余之物呢?

着味非至味也,故玄酒为五味先①。着色非至色也,故太素为五色主。着象非至象也,故无象为万象母。着力非至力也,故大块载万物而不负②。着情非至情也,故太清生万物而不亲③。着心非至心也,故圣人应万事而不有。

【注释】

①玄酒:上古祭祀用的水。《礼记·礼运》:"故玄酒在室,醴酰在户。"疏:"玄酒,谓水也。以其色黑,故谓之玄,而太古无酒,此水当酒所用,故谓之玄酒。"
②大块:指大地。
③太清:指天空。

【译文】

加调料后的味并不是真正的味,所以白水为五味之先。上了色并不是真正的颜色,所以无色是五色之先。修饰并不是原来的形象,所以没有形象就是万象之母。用力并不是真正的力,所以大地承载万物而不倾覆。做作之情并不是真情,所以天生万物而不亲。用心并非真心,所以圣人应对万物如同不用心一样。

　　凡病人,面红如赭,发润如油者不治,盖萃一身之元气血脉尽于面目之上也。呜呼,人君富,四海贫,可以惧矣。

【译文】
　　凡是病人面如红土、发润如油的就不好治愈了,因为一身的元气血脉完全集中显露于脸上。唉!君主富有,而四海贫瘠,真令人感到恐惧啊!

　　有国家者,厚下恤民,非独为民也。譬之于墉,广其下,削其上,乃可固也;譬之于木,溉其本,剔其末,乃可茂也。夫墉未有上丰下狭不倾,木未有露本繁末而不毙者。可畏也夫!

【译文】
　　拥有国家的人,应该使民众富足,体恤民情,并不只是为了民众。这就好比修筑城墙,要使下部宽厚、上边狭窄,这才会坚固;又如同种树,要浇灌根部,修剪树梢,树木才会茂盛。城墙没有上宽下窄而不倾倒的,树木没有根部外露树梢繁茂而不枯死的。这种情况真可怕啊!

　　天下之势,积渐成之也。无忽一毫,舆羽折轴者,积也。无忽寒露,寻至坚冰者,渐也。自古天下国家、身之败亡,不出"积渐"二字。积之微,渐之始,可为寒心哉!

【译文】

　　天下的形势,都是渐渐积累而成的。不要忽略一丝一毫,装载羽毛的车能压断车轴,这是一点一点的积累造成的。不要忽略寒冷的露水,不久就会出现坚冰,这是渐渐变化的结果。自古以来天下、国家、自身的败亡,不出"积渐"二字。积累之初哪怕是微小的,逐渐形成的东西哪怕才开始,都让人心中害怕啊!

　　背上有物,反顾千万转而不可见也。遂谓人言不可信,若必待自见,则无见时矣。

【译文】

　　自己背上有东西,自己转着身子怎么也看不到。所以就认为别人说的话是不可信的,倘若必须等到自己亲眼所见才相信,那就不知什么时候可以见到了。

　　以果下车驾骐骥,以盆池水养蛟龙,以小廉细谨绳英雄豪杰,善官人者笑之。

【译文】

　　用小车来套骏马,用一盆池水来养蛟龙,用谨小慎微来拘束英雄豪杰,真让善于选拔人才授予官职的人发笑。

　　长戟利于锥而戟不可以为锥,猛虎勇于狸而虎不可以为狸。用小者无取于大,犹用大者无取于小，二者不可以相诮也①。

【注释】

①诮：责备，讥讽。

【译文】

长戟比锥子锋利，但长戟不能用作锥子；猛虎比狐狸凶狠，但不可视猛虎为狐狸。作用小的不能代替作用大的，如同作用大的不能代替作用小的一样，二者不能相互讥讽。

鉴不能自照，尺不能自度，权不能自称，囿于物也①。圣人则自照自度自称，成其为鉴为尺为权，而后能妍媸、长短、轻重天下。

【注释】

①囿：局限。

【译文】

镜子不能照到自己，尺子不能丈量自己，秤不能称量自己，这只是物体本身的局限。而圣人则能自己照到自己、丈量自己、称量自己，使自己成为镜子、尺子和秤，然后才能辨别天下事物的美丑、长短、轻重。

苍松古柏与夭桃秾李争妍，重较鸾镳与冲车猎马争步，岂直不能，亦可丑矣。

【译文】

苍松、古柏与桃花、李花争奇斗艳，卿士所乘系有鸾铃的马车与攻城用的战车比速度，这岂止是不能比，简直是自己出自己的丑。

　　锁钥各有合，合则开，不合则不开。亦有合而不开者，必有所以合而不开之故也。亦有终日开，偶然抵死不开，必有所以偶然不开之故也。万事必有故，应万事必求其故。

【译文】

　　每把锁和每把钥匙都是各自相合的，组合是一对的就能打开，反之则打不开。也有组合是一对而不能打开的，那么这里面一定有打不开的缘故。也有总是能开，偶尔却无论如何也打不开的，所以一定也有打不开的缘故。万事都有其原因，应对万事必须求其缘故。

　　窗间一纸，能障拔木之风；胸前一瓠，不溺拍天之浪。其所托者然也。

【译文】

　　窗户间的一张纸，能遮挡拔起大树的风，胸前挂着用来浮水的葫芦，就不怕汹涌的波浪。这是因为所依靠的东西使他们能够做到这样。

　　镜空而无我相，故照物不爽分毫。若有一丝痕，照人面上便有一丝；若有一点瘢，照人面上便有一点，差不在人面也。心体不虚而应物亦然。故禅家尝教人空诸有①，而吾儒惟有喜怒哀乐未发之中，故有发而中节之和②。

【注释】

①诸有：万事万物。

②吾儒唯有喜怒哀乐未发之中，故有发而中节之和：《中庸》第一章："喜怒哀乐之未发，谓之中；发而皆中节，谓之和。"朱熹注："喜怒哀乐，情也；其未发，则性也。无所偏倚，故谓之中。发皆中节，情之正也，无所乖戾，故谓之和。"

【译文】

镜子空净而没有其他的影像，因此照物毫厘不差。如镜子上有一丝痕迹，照人面上也会有一丝痕迹；如镜子上有一个瘢，照人面上也会有一个点，其原因不在人面上。人的心灵不清静，回应的事物也不清静，和镜子照物是一样的道理。因此佛家教育人把万事万物都视为虚无的，而我们儒家讲究将喜怒哀乐藏于未发之中，所以发出之时又有中节之和。

人未有洗面而不闭目，撮红而不虑手者①，此犹爱小体也。人未有过檐滴而不疾走，践泥涂而不揭足者②，此直爱衣履耳。七尺之躯顾不如衣履哉？乃沉之滔天情欲之海，拼于焚林暴怒之场，粉身碎体甘心焉而不顾，悲夫！

【注释】

①撮：用手抓取。

②揭：高举。

【译文】

人没有洗脸时不闭眼睛、抓取红色后不洗手的，这是爱护身体的一小部分。人没有路过滴水的屋檐而不快走，踩踏在泥路而不抬起脚的,这只是爱护衣服和鞋子而已。七尺之躯难道还不如衣服和鞋子吗?若沉溺于滔天情欲之海,拼搏于焚林暴怒之场,即使粉身碎骨也心甘情愿,毫不顾忌,那就太可悲了啊!

左手画圆,右手画方,是可能也。鼻左受香,右受恶;耳左听丝,右听竹;目左视东,右视西,是不可能也。二体且难分,况一念而可杂乎?

【译文】

左手画圆,右手画方,这是可能的。左鼻孔闻香,右鼻孔闻臭;左耳听弦乐,右耳听管乐;左眼看东面,右眼看西面,这些都是不可能的。两个器官尚且不可以分开做不同的事,更何况一心要多用呢?

掷发于地,虽乌获不能使有声;投核于石,虽童子不能使无声。人岂能使我轻重哉?自轻重耳。

【译文】

把头发扔到地上,即使是乌获那样的大力士也不能使它发出声音;把果核投掷到石头上,即使是小孩子也不能使它没有声音。别人岂能决定我的轻重?只有自己能决定自己的轻重。

进香叫佛,某不禁,同僚非之。余怃然曰:"王道荆榛而后蹊径多。彼所为诚非善事,而心且福利之,为何可弗禁?所赖者缘是以自戒而不敢为恶也。故岁饥不禁草木之实，待年丰彼自不食矣。善乎孟子之言，曰：'君子反经而已矣①。''而已矣'三字，旨哉妙哉，涵蓄多少趣味！"

【注释】

①君子反经而已矣：君子仅将事物回归常态。出自《孟子·尽心下》。经，常规。

【译文】

对于烧香拜佛的事，我并不禁止，同僚对我有异议。我感慨道："正道上荆棘丛生无法行走，小路就慢慢多起来。烧香拜佛诚然不是什么好事，心中只是为了祈求福与利，那为何不禁止呢？原因是他们信佛就会自我警惕而不敢做坏事。因此饥荒之年不禁止人们吃草根树皮，等到了丰收之年，自然没有人吃那些东西了。正如孟子所说：'君子反经而已矣。'是说君子只是为了事物回到常规。'而已矣'三个字，真是十分奥妙，蕴涵了多少趣味啊！"

日食脍炙者，日见其美，若不可一日无。素食三月，闻肉味只觉其腥矣。今与脍炙人言腥，岂不讶哉？

【译文】

每天吃烤肉的人，觉得肉的味道一天比一天好，好像一天都离不开它了。如果吃素食三个月，闻到肉味就会觉得有肉腥味，然而现在吃素的人却与吃烤肉的人谈论肉腥，岂不是很让人惊讶？

钩吻、砒霜也都治病①,看是甚么医手。

【注释】

①钩吻:亦作断肠草、胡蔓藤,有剧毒,误食能致命。

【译文】

钩吻、砒霜这样的毒药也能治病,关键要看医生是否医术高明。

某尝与友人论一事,友人曰:"我胸中自有权量。"某曰:"虽妇人孺子,未尝不权量,只怕他大斗小秤。"

【译文】

我曾与友人谈论一件事,友人说:"我心中自有一定的权衡度量。"我说:"即使是妇女和小孩子,也未必没有自己的主张,区别只在这主张的大与小上。"

鼾齁①惊邻,而睡者不闻;
垢污满背,而负者不见。

【注释】

①鼾齁:熟睡时的鼻鼾声。

【译文】

睡觉时鼾声惊醒四邻,然而打鼾的人却听不到;背上沾满了污垢,而背后有污垢的人却看不见。

爱虺蝮而抚摩之,鲜不受其毒矣;恶虎豹而

搏之，鲜不受其噬矣。处小人在不远不近之间。

【译文】
　　喜爱毒蛇而用手抚摸它的人，很少有不被毒蛇咬伤的；厌恶虎豹而同它进行搏斗的人，很少有不被虎豹吃掉的。与小人相处，应保持不远不近的距离。

　　千金之子，非一日而贫也。日朘月削，损于平日，而贫于一旦。不咎其积，而咎其一旦，愚也。是故君子重小损，矜细行，防微敝。

【译文】
　　家有千金的人，不会一天就变得贫穷，而是由于日减月削，平日不停地耗损，某一天就成了穷人。如果不归罪于平日，只归罪于某一天，就是愚蠢的人。因此君子重视小的损耗，对细小的行为慎重，预防微小的弊病。

　　被桐以丝，其声两相藉也。道不孤成，功不独立。

【译文】
　　在桐木上加以丝弦制成琴，能发出悦耳的声音，琴声是两者相互作用的结果。道义不是孤身一人能成就的，功绩不是单独一人能建立的。

　　坐对明灯，不可以见暗，而暗中人见对灯者甚真。是故君子贵处幽。

【译文】

面向明亮的灯光而坐,看不见黑暗的地方,而身处黑暗中的人却能把坐在灯光下的人看得清清楚楚。所以,君子最重要的是要善于把自己置于幽暗之处。

口塞而鼻气盛,鼻塞而口气盛,鼻口俱塞,腹闷而死。治河者不可不知也。故欲其力大而势急,则塞其旁流;欲其力微而势杀也,则多其支派;欲其蓄积而有用也,则节其急流。治天下之于民情也亦然。

【译文】

把嘴堵住,鼻子呼吸的气息就会加重;把鼻子堵住,嘴巴呼吸的气息就会加重;把鼻子和嘴都堵住,就会因胀闷而死。治理河道的人不能不知道这个道理。因此若想河水汹涌澎湃,就要堵住其支流;若想河水流势缓慢,就要增加支流;若想将河水蓄积起来以备后用,就要将其急流截断。治理天下的民情也要这样。

木钟撞之也有木声,土鼓击之也有土响,未有感而不应者,如何只是怨尤?或曰:"亦有感而不应者?"曰:"以发击鼓,以羽撞钟,何应之有?"

【译文】

即使木钟被撞击也会发出木声,土鼓被敲击也会发出土声,没有碰撞而不响的,怎能只是怨天尤人?有人问:"也有碰撞了没有声响的吗?"回答:"用头发撞击鼓,用羽毛撞击钟,怎会有声响呢!"

　　我之子我怜之,邻人之子邻人怜之。非我非邻人之子而转相鬻育,则不死为恩矣。是故公廨不如私舍之坚,驿马不如家骑之肥,不以我有视之也。苟扩其无我之心,则垂永逸者,不惮今日之一劳。惟民财与力之可惜耳,奚必我居也?怀一体者当使刍牧之常足,惟造物生命之可悯耳,奚必我乘也?呜呼!天下之有我久矣,不独此一二事也。学者须要打破这藩篱,才成大世界。

【译文】

　　我的儿子我怜惜,邻居的儿子邻居怜惜。既不是我的儿子也不是邻居的儿子,就会转相卖给别人养育,不死就算是对他的恩惠了。因此,公廨不如私舍坚固,驿马不如家马健壮,因为不属于我。如果扩展大公无私之心,就会为了长久的安逸而不顾惜一日的劳苦。现在修建公廨就要修建得牢固,只要能珍惜民财民力,为什么只把自己的房子建得坚固呢?怀有万物一体思想的人应使所有的牛马都得到满足,怜悯造物主所创造的生命,为什么只怜惜自己的马呢?唉!天下的人有自私之心已经很久了,不仅仅这两件事而已。学者必须打破这个屏障,才能成就大的事业。

　　脍炙之处,蝇飞满几,而太羹玄酒不至。脍炙日增,而欲蝇之集太羹玄酒,虽驱之不至也。脍炙彻,而蝇不得不趋于太羹玄酒矣。是故返朴还淳,莫如崇俭而禁其可欲。

【注释】

①太羹:祭祀用的肉汁。

【译文】

放有美味鱼肉的地方,飞满了苍蝇,而在祭祀用的肉汁和水上却没有苍蝇。美味的鱼肉不断地增加,即使想要驱赶苍蝇转而聚集在肉汁和水上,它们也不愿来。美味的鱼肉撤下了,苍蝇就不得不飞到肉汁和水上。因此要返朴还淳,莫过于崇尚俭朴、禁止欲望。

驼负百钧,蚁负一粒,各尽其力也。象饮数石,鼷饮一勺①,各充其量也。君子之用人,不必其效之同,各尽所长而已。

【注释】

①鼷(xī):鼷鼠,鼠类中一种最小的鼠。

【译文】

骆驼背负百钧,蚂蚁背负一粒米,是各尽所能罢了。大象饮水数石,鼷鼠只饮水一勺,是各自满足自己的需求罢了。君子用人,不强调效果相同,各尽所长也就可以了。

以莫邪授婴儿而使之御房,以繁弱授蒙瞍而使之中的,其不胜任,授者之罪也。

【译文】

让婴儿用莫邪这样的宝剑抵御敌人,让无知的瞎子用繁弱这样的良弓射击目标，二者都不能胜任，这是授予他们剑与弓之人的错误。

  齐有南北官道，汙下者里余，雨多行潦①，行者不便，则傍西踏人田行。行数日而成路，田家苦之，断以横墙，十步一堵，堵数十焉。行者避墙更西，踏田愈广，数日又成路。田家无计，乃蹲田边，且骂且泣，欲止欲讼，而无如多人何也。或告之曰："墙之所断已成弃地矣，胡不仆墙而使之通，犹得省于墙之更西者乎？"予笑曰："更有奇法，以筑墙之土垫道，则道平矣。道平，人皆由道，又不省于道之西者乎，安用墙为？"越数日道成，而道旁无一人迹矣。

【注释】

  ①行潦（lǎo）：路中积水。

【译文】

  胶东有条南北向的大道，其中有一里多的路比较低洼，一旦下雨路上就会积水，行路者不方便通过，就向西从田地里走。走的日子多了就形成了一条路，田地的主人十分苦恼，就在此筑墙以挡住行人从此经过，十步一堵墙，共修筑了数十堵。行路的人就避开墙再往西踏着田地走，数日后又走出了一条路。田家没有办法，就蹲在田边，一边哭骂，一边阻止行人，一边要去告状，而对无数的路人又无可奈何。有人对他说："墙堵住的地方已经无用了，你何不把墙推倒让人走呢？"我笑着说："有更好的方法，用筑墙的土铺路，则道路会更平坦。道路平坦了，人们就都由此通过，而西边的田地就能节省出来,还用得着筑墙吗?"过了数日,道路修好了,道旁再无一人行走。

> 瓦砾在道,过者皆弗见也;裹之以纸,人必拾之矣;十袭而椟之,人必盗之矣。故藏之,人思亡之;掩之,人思揭之;围之,人思窥之;障之,人思望之。惟光明者不令人疑。故君子置其身于光天化日之下,丑好在我,我无饰也;爱憎在人,我无与也。

【译文】

瓦砾在道路上,过往的人都视而不见;如果用纸包裹好,人们一定会将它拾起来;如果包上多层并放在盒子里,人们一定想把它盗走。所以,有些东西就像瓦砾一样,藏起来,人们总想偷走它;掩埋起来,人们总想揭而视之;用东西围起来,人们总想偷看它;遮蔽起来,人们总想望见它。只有光明而不遮掩的才不使人起疑心。所以君子要将自身置于光天化日之下,丑好在我,我无所掩饰;爱憎由人,我不会刻意为之。

> 君子之教人也,能妙夫因材之术,不能变其各具之质。譬之地然,发育万物者,其性也。草得之而为柔,木得之而为刚,不能使草之为木,而木之为草也。是故君子以人治人,不以我治人。

【译文】

君子教育人,妙在能因材施教,不会改变各人的本质。就像土地一样,养育万物是它的本性。草长在地上就柔软,树木长在地上就坚硬，不能使草像树一样，也不能让树像草一样。因此，君子因材施教，而不以自己的特性来教化别人。

羊肠之隘，前车覆而后车协力，非以厚之也。前车当关，后车停驾，匪惟同缓急，亦且共利害。为人也，而实自为也。呜呼！士君子共事而忘人之急，无乃所以自孤也夫。

【译文】
走在羊肠小道上，前面的车翻了，后面的车就帮它扶起来，这并非两者关系密切。而是因为前面的车挡住了去路，后面的车无法前行，不只是影响缓急，也是利害相同。为别人，其实也是为自己。唉！士君子与人共事而忘了别人的难处，这也是自我孤立的做法啊！

两物交必有声，两人交必有争。有声，两刚之故也。两柔则无声，一柔一刚亦无声矣。有争，两贪之故也。两让则无争，一贪一让亦无争矣。抑有进焉，一柔可以驯刚，一让可以化贪。

【译文】
两物相撞一定会发出声音，两人相交一定会产生争斗。之所以发出声音，是因为这两个物体都刚硬的缘故。两个物体都柔软就不会发出声音，一个物体柔软而一个物体刚硬也不会发出声音。之所以产生争斗，是因为两个人都有贪心的缘故。两人相让就不会产生争斗，一人贪心而一人谦让也不会产生争斗。也还有更高层次的，一物柔弱可以驯服另一物的刚强，一人谦让可以感化另一人的贪心。

颈擎一首，足荷七尺，终身由之而不觉其重，固有之也。使他人之首枕我肩，他人之身在我足，则不胜其重矣。

【译文】

颈项支撑着头，双脚支撑着七尺身躯，终身如此也不觉得重，这是天生固有的原因。如果他人的头枕在我的肩上，他人的身体放在我的脚上，则会不堪重负。

不怕炊不熟，只恐断了火。火不断时，炼金煮砂可使为水做泥。而今冷灶清锅，却恁空忙作甚？

【译文】

不怕煮饭煮不熟，只愁断了火。火不断时，金子可以炼成水，砂石可以化为泥。而如今冷灶清锅，还忙忙碌碌做什么呢？

水至清不掩鱼鲔之细，练至白不藏蝇点之缁。故"清白"二字，君子以持身则可，若以处世，道之贼而祸之薮也。故浑沦无所不包，幽晦无所不藏。

【译文】

水太清了连细小的鱼苗都能看得清清楚楚，丝绸太白了连细微的黑色蝇点都遮掩不住。所以"清白"二字，君子用来守身可以，但如果用来处世，必定是道的破坏者，而且还是灾祸的渊薮。所以浑沌没有什么不能包容，幽晦没有什么不能遮藏。

  以佳儿易一跛子，子之父母不从，非不辨美恶也，各有所爱也。

【译文】
  即使用一个聪明健康的孩子换一个瘸了脚的孩子，后者的父母也一定不会愿意，并非他们不分好坏，而是各人爱各人的孩子。

  发去木一段，作神椟一、镜台一、脚桶一。锡五斤，造香炉一、酒壶一、溺器一。此造物之象也。一段之木，五斤之锡，初无贵贱荣辱之等，赋畀之初无心，而成形之后各殊。造物者亦不知，莫之为而为耳。木，造物之不还者，贫贱忧戚当安于有生之初；锡，造物之循环者，富贵福泽莫恃为固有之物。

【译文】
  用一段木头，制作了一个神柜、一个镜台、一个脚盆。用五斤锡，制作了一个香炉、一个酒壶、一个便桶。这是制作东西的表象。一段木头，五斤锡，本来没有贵贱荣辱，做成物品之前也没有什么样子，而成形之后就各不相同了。制作者也不知其中的缘故，只是无为而无不为的道理罢了。用木头制作的东西不能恢复到原来的样子,那么不必为自己的贫贱而忧戚,应当安于有生之初的样子;用锡制作的物品还可以熔化后再制作别的物品,那么对于富贵福泽,就不要把它当成永恒不变的了。

某尝入一富室,见四海奇珍山积,曰:"某物予取诸蜀,某物予取诸越,不远数千里,积数十年以有今日。"谓予:"公有此否?"曰:"予性无所嗜,设有所嗜,则百物无足而至前。"问:"何以得此?"曰:"我只是积钱。"

【译文】

我曾经到一位富人的家里,看到四海的奇珍异宝堆积如山,富人对我说:"某物我取自川蜀,某物我取自江浙,不远数千里,积累了数十年才有今日之成果。"又问我:"你有这些东西吗?"我说:"我天性没有什么嗜好,就算有嗜好,那么百物没有脚也会来到我的面前。"富人问:"你是怎样得到的呢?"我说:"我只是积累钱财罢了。"

人之手无异于己之手也,腋肋足底,己摸之不痒,而人摸之则痒。补之齿不大于己之齿也,己之齿不觉塞,而补之齿觉塞。

【译文】

别人的手和自己的手没有什么不同,腋肋足底,自己摸不痒,别人摸则会感觉痒。补的牙齿并不比自己的牙齿大,自己的牙齿不觉得堵塞,而补的牙齿则会感到堵塞。

两家比舍而居①,南邻墙颓,北邻为之涂垩丹垩而南邻不归德②;南邻失火,北邻为之焦头烂额而南邻不谢劳。

【注释】

①比舍:房子之间紧挨着。

②丹垩:红漆白土。

【译文】

两家的房子紧紧地挨着,南邻的墙倒了,北邻为他修补好,而南邻并不感谢他;南邻家中失火,北邻为他救火焦头烂额,而南邻并不感谢他。(因为两家的利益相连。)

喜者大笑,而怒者亦大笑;哀者痛哭,而乐者亦痛哭;欢畅者歌,而忧思者亦歌;逃亡者走,而追逐者亦走。岂可以形论心哉?

【译文】

开心的人大笑,而恼怒的人也大笑;悲哀的人痛哭,而快乐的人也痛哭;欢畅的人歌唱,而忧思的人也歌唱;逃亡的人奔跑,而追逐的人也奔跑。岂能用外在的形态来判断内在的心情?

二商渡江,俱挟重资,舟满载重而不已也。中流遇风,舟子曰:"须减舟中之十二,始无恐。不然,不沉则覆。"一商曰:"我奇货可惜,无可弃者。"一商从之,得达岸,一商竟溺焉,人货俱丧。其达岸者悔曰:"可惜,减我千金。"怨舟子。

舟子曰:"不见某乎?"曰:"彼命当死,减亦当死;我命不当死,不减亦不死。"乃向舟子索偿。

【译文】

　　两个商人一起渡江,都携带有沉重的货物,船装超载了仍然装载货物而不停止。船行到中流遇上风暴,船家说:"必须减轻船上货物的十分之二,才没有危险。否则不是沉没就是倾覆。"其中一个商人说:"我的货物很珍贵,没有可以抛弃的。"另一个商人则听从船家的话,抛弃了部分货物,才得以安全到达对岸。而坚持不抛弃货物的商人最后沉没于水中,人和货物都没有了。那个到达对岸的商人反悔道:"可惜啊,损失了我价值千金之货。"埋怨船家。船家说:"难道你没有看到另一个商人的下场吗?"商人回应:"他命中该死,即使减轻了货物也会淹死;而我则命不该绝,即使不减轻货物也不会淹死。"于是向船家索赔。

　　　　疥癣虽小疾,只不染在身上就好。一到身上,
难说是无病底人。

【译文】

　　疥癣虽然是小病,只要不感染到身上就好。一旦感染到身上,就不能说是无病的人。

词　　章

　　诗、词、文、赋,都要有个忧君爱国之意,济人利物之心,春风舞雩之趣①,达天见性之情;

不为赘言，不袭余绪，不道鄙迂，不言幽僻，不事刻削，不徇偏执。

【注释】

①春风舞雩（yú）之趣：见《论语·先进》："莫春者，春服既成，冠者五六人，童子六七人，浴乎沂，风乎舞雩，咏而归。"

【译文】

诗、词、文、赋，都要有为君主分忧、热爱祖国的思想，有救济世人、兼利万物的心意，有自然天成、悠然自得的情趣，有通达天命、表现心性的意义；不说不必要的话，不因袭他人，不说鄙陋迂腐之语，不道深幽怪僻之言，不尖酸刻薄，不偏激固执。

一先达为文，示予令改之，予谦让，先达曰："某不护短，即令公笑我，只是一人笑，若为我回护，是令天下笑也。"予极服其诚，又服其智。嗟夫！恶一人面指，而安受天下之背笑者，岂独文哉！岂独一二人哉！观此可以悟矣。

【译文】

一位前辈做好了文章，交给我帮他修改，我谦让，前辈说："我不护短，即使你笑我，我也只是被一人笑话，倘若你帮我护短，就是让我被天下人笑话了。"我十分钦佩他的诚恳，也佩服他的智慧。唉！厌恶一个人当面批评，而甘心承受天下人在背后嘲笑，岂止文章是这样！这么做的人岂止一两个呢！由此可以领悟出这个道理。

古今载籍之言，率有七种：一曰天分语，身为道铸，心是理成，自然而然，毫无所为，生知安行之圣人。二曰性分语，理所当然，职所当尽，务满分量，毙而后已，学知利行之圣人。三曰是非语，为善者为君子，为恶者为小人，以劝贤者。四曰利害语，"作善降之百祥，作不善降之百殃"①，以策众人。五曰权变语，托词画策以应务。六曰威令语，五刑以防淫②。七曰无奈语，五兵以禁乱③。此语之外，皆乱道之谈也。学者之所务辨也。

【注释】

①作善降之百祥，作不善降之百殃：出自《尚书·伊训》。

②五刑：五种刑罚，所指不一。一说为墨、劓、剕、宫、大辟；一说为死、流、徒、杖、笞。

③五兵：五种兵器，如车兵的武器戈、殳、戟、酋矛、夷矛，步卒的武器矛、戟、弓、剑、戈。也泛指兵力、军队。

【译文】

古今书籍所记载的言论，大概可分为七种：一是天分语，这种言论的作者，身心贯彻天理，自然而然，毫无造作之为，是生知安行的圣人。二是性分语，这种言论的作者，做理所当然的事，尽应尽的职责，尽最大的努力，死而后已，是学知利行的圣人。三是是非语，这种言论的作者，认为行善的人为君子，作恶的人为小人，以此劝诫贤人。四是利害语，这种言论的作者，认为行善会带来吉祥，作恶会带来灾祸，以此鞭策众人。五是权变语。这种言论的作者，用各种借口策划各种谋略以应对事务。六是威令语，这种言论如同用五刑来防止违法的行为。七是无奈语，这种言论如同用五兵禁止动乱。这几种言论之外的，都是混乱世道的言论。学者要对此加以辨别。

愁红怨绿是儿女语，
对白抽黄是骚墨语①，
叹老嗟卑是寒酸语，
慕膻附腥是乞丐语。

【注释】

①对白抽黄：指诗赋的对仗手法。

【译文】

为落花而忧，因草绿而怨，是多愁善感的小儿女的言语；讲求对仗工整，是诗人墨客的言语；嗟叹年老位卑，是寒酸之人的言语；倾慕名利，是乞丐的言语。

艰语深辞，险句怪字，文章之妖而道之贼也，后学之殃而木之灾也。路本平而山溪之，日月本明而云雾之，无异理有异言，无深情有深语，是人不诚而是书不焚，有世教之责者之罪也。若曰其人学博而识深，意奥而语奇，然则孔孟之言，浅鄙甚矣。

【译文】

冷僻的言辞，险怪的语句，就是文章中的妖怪、道理的奸贼，会殃祸后生学子和雕版刻印书籍。路本来是平坦的，却要用山谷阻挡；日月本来是明朗的，却要拿云雾遮挡；没有特殊的道理而用怪异的语言来表达；没有深厚的情谊而用深奥的语言来表达,这样的人不加以劝诫,这样的书不加以禁止,是教化众人之人的罪责。如果说这种人学识渊博,意蕴深奥,言语新奇,那么孔孟的言辞,岂不显得浅陋了?

  圣人不作无用文章,其论道则为有德之言,其论事则为有见之言,其叙述歌咏则为有益世教之言。

【译文】
  圣人不做无用的文章,他的文章谈论道理则为德行的言语,谈论实事则为有见解的语言,创作诗赋则为有益世俗教化的语言。

  诗,低处在觅故事寻对头,高处在写胸中自得之趣,说眼前见在之景。

【译文】
  写诗,低劣的方法是搜寻典故、寻找对句,高明的作品是抒写自己胸中的自得之趣,描述眼前见到的情境。

  诗辞要如哭笑,发乎情之不容已,则真切而有味。果真矣,不必较工拙。后世只要学诗辞,然工而失真,非诗辞之本意矣。故诗辞以情真切、语自然者为第一。

【译文】
  诗辞要像哭和笑一样,表达内心不能遏制的感情,这样才会真切有味。果真能表达内心的真实感情,就不必计较文字的工巧或拙劣。后世的人,只要学习诗辞的创作,就会把追求工巧放在首位,但只讲求工巧而失去真实的感情,违背了诗辞创作表达思想感情的本意。因此,诗辞的创作应以感情真切、语言自然为第一。

自孔子时,便说"史不阙文"①,又曰"文胜质则史"②,把"史"字就作了一"伪"字看。如今读史,只看他治乱兴亡足为法戒,至于是非是伪,总是除外底。譬之听戏文一般,何须问他真伪,只是足为感创,便于风化有关。但有一桩可恨处:只缘当真看,把伪底当真;只缘当伪看,又把真底当伪。这里便宜了多少小人,亏枉了多少君子。

【注释】

①史不阙文:《论语·卫灵公》:"吾犹及史之阙文也,有马者借人乘之,今亡矣夫。"阙,缺少。不,有人以为当作"之"字。

②文胜质则史:《论语·雍也》:"子曰:质胜文则野,文胜质则史。文质彬彬,然后君子。"质,本质,实际。

【译文】

自从孔子的时代,就说历史不缺乏文辞,又说文辞胜过本质就不真实了,把"史"字视作"伪"字。如今读史书,只看它治乱兴亡足以为后世借鉴,至于是真是假,人们总是不在意的。如同听戏一样,何须问它的真伪,只要足以使人感动,有助于风化即可。但遗憾的是,只因把它当真的看,可能把假的也当真的了；只因把它当假的看，可能把真的也当假的了。这样做便宜了多少小人，又冤枉了多少君子。

文章有八要：简、切、明、尽、正、大、温、雅。不简则失之繁冗，不切则失之浮泛，不明则失之含糊，不尽则失之疏遗，不正则理不足以服人，不大则失冠冕之体，不温则暴戾刻削，不雅则鄙陋浅俗。庙堂文要有天覆地载，山林文要有仙风道骨，征伐文要有吞象食牛，奏对文要有忠肝义胆。诸如此类，可以例求。

【译文】

创作文章有八个要点：简、切、明、尽、正、大、温、雅。不简约则失之繁冗，不确切则失之浮泛，不明确则失之含糊，不穷尽则失之疏遗，不端正则理不足以服人，不广阔则失冠冕之体，不温和则暴厉刻薄，不文雅则鄙陋浅俗。朝堂上的文章要有天覆地载的心胸，隐逸者的文章要有仙风道骨的气质，征伐的文章要有吞象食牛的气魄，奏对的文章要有忠肝义胆的气节。诸如此类，可以类推。

《左传》《国语》《战国策》，春秋之时文也，未尝见春秋时人学三代。《史记》《汉书》，西汉之时文也，未尝见班、马学《国》《左》。今之时文安知非后世之古文？而不拟《国》《左》则拟《史》《汉》，陋矣，人之弃己而袭人也。六经[①]、四书[②]，三代以上之古文也，而不拟者何？习见也。甚矣，人之厌常而喜异也。余以为文贵理胜，得理何古何今？苟理不如人而摹仿于句字之间，以希博洽之誉，有识者耻之。

【注释】

①六经：指《诗经》《尚书》《礼记》《乐经》《周易》《春秋》六部儒家经典。《庄子·天运》："（孔）丘治《诗》《书》《礼》《乐》《易》《春秋》六经，自以为久矣。"

②四书：《大学》《中庸》《论语》《孟子》的合称，宋代升《孟子》为经，又以《礼记》中的《大学》《中庸》两篇抽出，合《论语》为四书，朱熹撰《四书章句集注》，始立四书之名。此后成为科举考试的基本经典。

【译文】

《左传》《国语》《战国策》是春秋时期的著作，不曾见春秋时期的人学习三代时的文风。《史记》《汉书》是西汉时期的著作，不曾见班固、司马迁学习《国语》《左传》的文风。当今的时文怎知不会变成后世的古文呢？然而如今不是模拟《国语》《左传》，就是模拟《史记》《汉书》的文风，多么鄙陋啊！抛弃了自己的特色而去因袭别人的东西。六经、四书是夏商周三代经典的古文，为何人们不模拟它们呢？是因经常看到的缘故。更严重的是人们厌常喜异的习惯。我认为文章贵在以理取胜，阐明了道理又何必在乎语言文法是古是今呢！如果道理讲得不如别人清楚，而一味地模仿别人的字句，以此得到博学通达的美名，有见识的人会认为这是可耻的。

正大光明，透彻简易，如天地之为形，如日月之垂象，足以开物成务①，足以济世安民，达于天下，万世而无弊，此谓天言。平易明白，切近精实。出于吾口，而当于天下之心；载之典籍，而裨于古人之道，是谓人言。艰深幽僻，吊诡探奇。不自句读，不能通其文，通则无分毫会心之理趣；不考音韵，不能识其字，识则皆常行日用之形声，是谓鬼言。鬼言者，道之贼也，木之孽也，经生学士之殃也。然而世人崇尚之者何？逃之怪异，足以文凡陋之笔，见其怪异，易以骇肤浅之目，此光明平易、大雅君子为之汗颜泚颡②，而彼方以为得意者也，哀哉！

【注释】

①开物成务：《周易·系辞上》："夫《易》何为者也？夫《易》开物成务，冒天下之道，如斯而已者也。"孔颖达疏："言《易》能开万物之志，成就天下之务。"

②泚颡（cǐ sǎng）：额上出汗。《孟子·滕文公上》："其颡有泚。"

【译文】

正大光明，透彻简易，就像天地形成万物，就像太阳月亮的交替运行，可以成就事业，可以济世安民，运用于天下四方、千秋万世而没有弊端，这就叫作天言。平易明白，切实精当，从我的口中说出来，切合天下人的心理，记载于典籍之中，有益于古圣先贤的治世之道，这就叫作人言。晦涩难懂，怪异离奇，如果自己不加以句读讲解，别人就不能通晓文章，即便通晓了，也没有丝毫会心的理趣；如果不去考究其音韵训诂，别人就难以辨识其文字，一旦认识了，才发现不过是日常所用的形声字罢了，这就叫作鬼言。鬼言，是道义的叛贼，是树木的有害枝叶，是儒生学士的祸害。然而，世上却有很多人崇尚鬼言，这是为什么呢？因为运用怪异的风格为文，可以使拙劣的文字得到修饰；而看到这种怪异之文，又容易震骇那些学识肤浅的读者的眼目。这种做法，是光明磊落、平实简易而又识见高雅的正人君子感到羞愧汗颜而不屑为之的，可有些人却因此得意非凡，真是令人感到悲哀啊！

出版人：史宝明
出品人：许　永
责任编辑：邵嘉瑜
特邀编辑：黎福安
装帧设计：海　云
内文制作：百　朗
印制总监：蒋　波
发行总监：田峰峥

投稿信箱：cmsdbj@163.com
发行：北京创美汇品图书有限公司
发行热线：010-59799930

创美工厂
官方微博

创美工厂
微信公众号